Angelika Striedinger, Maria Maltschnig,
Karl-Renner-Institut (Hg.)

WISSENSCHAFT UND POLITIK
IM DIALOG

GEGRÜNDET
1999

Angelika Striedinger, Maria Maltschnig,
Karl-Renner-Institut (Hg.)

WISSENSCHAFT UND POLITIK IM DIALOG

Czernin Verlag, Wien

Striedinger, Angelika; Maltschnig, Maria; Karl-Renner-Institut (Hg.): Wissenschaft und Politik im Dialog; Angelika Striedinger, Maria Maltschnig, Karl-Renner-Institut
Wien: Czernin Verlag 2022
ISBN: 978-3-7076-0783-3

© 2022 Czernin Verlags GmbH, Wien
Umschlaggestaltung und Satz: Mirjam Riepl
Druck: Finidr
ISBN Print: 978-3-7076-0783-3
ISBN E-Book: 978-3-7076-0784-0

INHALT

VORWORT

Doris Bures, Präsidentin des Karl-Renner-Instituts

»Wissen ist Macht! Macht ist Wissen!« So lautet ein Leitspruch der Arbeiterbildungsbewegung. Was steckt in dieser Feststellung? Der erste Teil liegt auf der Hand, er entspricht dem bürgerlichen Bildungsideal der Aufklärung sowie – erweitert um wichtige Dimensionen von sozialer Gerechtigkeit und Gleichheit – dem Fundament sozialdemokratischer Bildungspolitik, nämlich: den Zugang zu Wissen und Bildung möglichst breit zu gestalten, möglichst vielen Menschen alles zu ermöglichen. Auch für unsere politische Arbeit in Gewerkschaften, Interessensverbänden und der Partei ist das Wissen um gesellschaftliche Zusammenhänge und Naturverhältnisse eine wichtige Ressource im Kampf für eine bessere Welt.

Der zweite Teil – »Macht ist Wissen!« – ist weniger geläufig, jedoch um nichts weniger bedeutsam: Er drückt das Verständnis aus, dass Wissen nicht neutral ist, dass auch in Wissen selbst Macht- und Herrschaftsstrukturen stecken. Umso wichtiger ist ein emanzipatorisches Verständnis von Bildung und Wissenschaft. Sie sollen nicht nur dazu dienen, Produktivität und Leistungsfähigkeit zu optimieren, sondern dazu, die Verteilung von Macht, Glück und Lebenschancen in unserer Gesellschaft zu analysieren, kritisch zu hinterfragen und auch zu verändern.

Dieser bejahende und offene Blick sozialdemokratischer Bewegungen auf die Wissenschaft steht im starken Kontrast zur Wissenschaftsfeindlichkeit rechter Parteien und autoritärer Systeme, die zunehmend Verschwörungserzählungen in ihre politische Rhetorik einbauen. Und er grenzt sich auch klar ab vom elitären Bildungs- und Wissenschaftsverständnis konservativer Politik, das vor allem darauf abzielt, Bildungs- und Wissensungleichheiten – und somit auch soziale Schieflagen – zu festigen.

Für eine lebendige, funktionierende Demokratie ist es wichtig, auf Augenhöhe in den Dialog miteinander zu treten und eine Sprache zu finden, in der wir uns verständigen können. Wenn wir in diesem Buch Wissenschaft und Politik miteinander ins Gespräch bringen, dann geschieht das mit der Absicht, diese Augenhöhe und diese gemeinsame Sprache zu finden und weiterzuentwickeln. Nicht nur für die beteiligten Politiker:innen und Wissenschafter:innen, sondern auch für die Leserinnen und Leser. In diesem Sinne wünsche ich eine anregende Lektüre!

EINLEITUNG

Angelika Striedinger & Maria Maltschnig

Perspektiven auf das Verhältnis zwischen Wissenschaft und Politik

»Soziologie ist ein Kampfsport.« So drückte der französische Soziologe Pierre Bourdieu sein Verständnis einer engagierten Wissenschaft aus[1] und beschrieb damit auch die Rolle, die die Sozialwissenschaften für die Politik haben sollen: zu zeigen, wie Macht, Geld, Ansehen, Lebenschancen in der Gesellschaft verteilt sind; zu erklären, welche Mechanismen dahinterstecken – und durch diese Einsichten zu einer Veränderung der gesellschaftlichen Verhältnisse beizutragen. Diese Funktion von Wissenschaft ist auch ein wesentlicher Orientierungspunkt für unsere Arbeit im Karl-Renner-Institut, an der Schnittstelle von Wissenschaft und Politik. Und mehr noch: Unsere Bemühungen, gute Räume für den Austausch zwischen Wissenschaft und Politik zu schaffen, sind getrieben von der Überzeugung, dass in diesem Austausch etwas Neues entstehen kann.

Zwischen Wissenschaft und Politik, so betonen zahlreiche Artikel und Kommentare, »besteht seit jeher ein Spannungsverhältnis«[2], ein »schwieriges Verhältnis«[3], es »herrscht seit jeher nicht die große Liebe«[4]: »Wissenschaft und Politik empfinden gleichermaßen, dass sie eine schwierige Beziehung zueinander haben«[5]. Die hier angesprochenen gegenseitigen »Missverständnisse und Fehlwahrnehmungen«[6] sind zu weiten Teilen darin begründet, dass in diesen beiden Welten grundverschiedene Logiken, Einverständnisse, Codes wirken. Unsere Aufgabe sehen wir hier aber nicht nur in einer Übersetzungsarbeit, mit dem Ziel, Politik durch verständliche wissenschaftliche Expertise besser zu machen – und auch umgekehrt: Wissenschaft durch Einblicke in politische Abwägungen zu bereichern. Sondern wir wollen die Momente der

Innovation und Horizonterweiterung nutzen, die sich genau aus den Verschiedenheiten dieser Welten und in deren Begegnung ergeben.

Das ist die Motivation hinter der Wissenschaft-&-Politik-Gesprächsreihe, die in diesem Buch dokumentiert ist. Bei jedem Gespräch bringen wir eine:n Wissenschafter:in mit einem oder einer Politiker:in zusammen, die beide in ähnlichen thematischen Feldern tätig sind. Angelika Striedinger, Bereichsleiterin für Wissenschaft & Politik im Karl-Renner-Institut, plante und moderierte die Gespräche; sie dauerten jeweils etwa ein bis zwei Stunden; zwei Drittel wurden in der physischen Begegnung durchgeführt, ein Drittel coronabedingt online. Auf den folgenden Seiten wollen wir unseren Zugang zum Verhältnis zwischen Wissenschaft und Politik darlegen, der hinter dieser Gesprächsreihe steht, und wir illustrieren unsere Ausführungen mit Zitaten und Beispielen aus den Gesprächen.

Zum Einfluss von Wissenschaft auf Politik (und umgekehrt)

»Wenn man einen Report hat, in dem der Stand der österreichischen Klimawissenschaft zusammengefasst ist, dann ist das etwas, was man als Politik ernst nehmen sollte. Wenn das ignoriert wird, dann deswegen, weil man es nicht zur Kenntnis nehmen will.« (CHRISTOPH GÖRG ÜBER DEN KLIMA- UND ENERGIEPLAN, IM GESPRÄCH MIT RAINER HANDLFINGER)

»Würde die Politik evidenzbasiert vorgehen und sich von sachgerechten Motiven leiten lassen, würde sie auf die Wissenschaft und Forschung hören: Die Ursache des Problems liegt oft in der patriarchalen Gesellschaftsstruktur und in überkommenen Männlichkeitsbildern.« (ALEXIA STUEFER ÜBER SEXUALVERBRECHEN, IM GESPRÄCH MIT SELMA YILDIRIM)

»Die Sprachwissenschaft rennt Sturm, wir schreiben lange, differenzierte wissenschaftliche Gutachten, es gibt eine Sitzung – und Bildungsminister Faßmann kommt in die Sitzung hinein und sagt: ›Es gibt auch andere Experten. We agree to disagree.‹« (RUTH WODAK ÜBER DEUTSCHFÖRDERKLASSEN, IM GESPRÄCH MIT SABINE SCHATZ)

Diese Zitate verdeutlichen den Anspruch von Wissenschafter:innen, politikrelevantes Wissen zu produzieren – und ihren Ärger darüber, wenn Politiker:innen dieses Wissen zwar haben, aber ignorieren. Allerdings ist die dahinterstehende Frage alles andere als geklärt: In welchem Ausmaß und bei welchen Angelegenheiten soll die Politik wissenschaftlichen Empfehlungen folgen?

Mit dieser Frage beschäftigt sich heute ein ganzer Forschungszweig der Wissenschafts- und Technikforschung. Ausgangspunkt ist dabei die »grundlegende Wissensproblematik von Politik«[7]. Diese besteht darin, dass einerseits von politischen Entscheidungsträger:innen erwartet wird, sich an den Einsichten von Expert:innen zu orientieren, statt an Machtkalkül und Bauchgefühl – andererseits aber große Skepsis gegenüber einem zu starken Einfluss von Expert:innen auf die Politik besteht und eine Expertokratie als undemokratisch abgelehnt wird.

Die demokratietheoretische Kritik an der Macht von Expert:innen in der Politik entstand als Reaktion auf das »goldene Zeitalter für die Experten«[8]. Unterstützt von einem weit verbreiteten Technologieoptimismus und Glauben an die Kontroll- und Steuerungsfähigkeit von Gesellschaft und Natur, herrschte in den Nachkriegsjahrzehnten ein weitgehend ungetrübtes Vertrauen an wissenschaftliche Expertise. Dieses Vertrauen wurde allerdings zunehmend infrage gestellt, als die aufstrebende, sozial-konstruktivistisch geprägte Wissenschafts- und Technikforschung untersuchte, wie wissenschaftliches Wissen überhaupt hergestellt wird. Welche Themenfelder und Fragestellungen dabei beforscht werden, welche Mechanismen in den Blick geraten, welche Theorien als plausibel angenommen werden: All das folgt nicht rein objektiven Kriterien, sondern ist geprägt von gesellschaftlichen Glaubenssätzen und den sozialen Prozessen wissenschaftlichen (Zusammen-)arbeitens[9].

Mit der Dekonstruktion wissenschaftlicher Autorität ging der Ruf nach einer Demokratisierung von Wissenschaft einher. Welche

Problemfelder beforscht werden, das sollte nicht mehr rein von wissenschaftsinternen Neigungen, sondern von gesellschaftlichen Anforderungen und Erwartungshaltungen (mit)bestimmt werden. Umgesetzt wurde dieser Anspruch erstens durch die Verbreitung eines neuen Selbstverständnisses von Wissenschaft, das anwendbares Wissen zur Lösung gesellschaftlicher Probleme erarbeiten will, und das nicht nur für, sondern gemeinsam mit wissenschaftsexternen Personen.[10] Zweitens wurde der politische Einfluss auf die Forschung gestärkt, indem sich die Forschungsförderung an politisch gesetzten thematischen Schwerpunkten orientiert und Beratungskreise aus Politik, Wirtschaft und Gesellschaft die Forschungsprozesse begleiten. Ob das geeignete Mittel sind, um Wissensproduktion zu steuern und gesellschaftliche oder politische Anliegen in Forschungsprozesse einzubringen, und in welchem Ausmaß das dann zur Lösung gesellschaftlicher Probleme beiträgt, ist jedoch umstritten.[11]

Wenn es umgekehrt um den Einfluss von Wissenschaft auf Politik geht, so problematisierte die Wissenschaftsforschung ursprünglich, wie oben angesprochen, die Macht von Expert:innen in der Politik. Mittlerweile hat sich die Sorge der Wissenschaftsforschung allerdings verschoben:[12] Heute werden vielmehr das Misstrauen gegenüber der Wissenschaft und die Verbreitung von Fake News und Verschwörungserzählungen als demokratiepolitisches Problem angesehen.

Hinter diesem Misstrauen gegenüber der Wissenschaft stehen langfristige und tiefgreifende gesellschaftliche Dynamiken; mit ein Grund liegt aber durchaus auch im Verhältnis zwischen Wissenschaft und Politik selber, und zwar in einem im Fachjargon als »Epistemisierung des Politischen«[13] beschriebenen Trend. Demnach werden viele politische Konflikte heute nicht mehr als solche, sondern als Wissenskonflikte diskutiert. Die Auseinandersetzungen behandeln dann nicht Interessen, Werte und Vorstellungen eines guten Lebens, sondern es geht vielmehr darum, wer die bessere Expertise aus dem Hut zaubern kann. Zu jeder Expertise lässt sich eine Gegen-Expertise finden; selbst bei Fragen, bei denen sich die Wissenschaft großteils einig ist, führt eine falsch verstandene Neutralität in den Medien immer wieder zu einer gleichwertigen Darstellung gegensätzlicher »Wahrheiten«. Der Vorwurf, dass Expertise als Feigenblatt eingesetzt wird, um interessengeleitete Politik als objektiv und alternativlos erscheinen zu lassen, ist sicherlich in vielen Fällen zutreffend, was wiederum zu einem Generalverdacht gegenüber jeglichen sachlichen Argumenten, Zahlen und Daten verleiten kann. Die Folge ist eine Ablehnung »etablierter« Wissenschaft und eine sinkende Bereitschaft, sich auf argumentbasierte Debatten einzulassen.

Hier können rechtspopulistische Bewegungen einhaken, um Anhänger:innen zu rekrutieren, und sie können dabei auch noch ihre Wissenschaftsfeindlichkeit als revolutionäres Aufbegehren gegen die Elite darstellen. Denn: Der Anspruch, dass die Einschätzungen von Wissenschafter:innen in politische Entscheidungen einfließen sollen, beruht ja darauf, dass Wissenschafter:innen in der Wissenshierarchie eine überlegene Rolle zugeschrieben wird: Sie sind die Expert:innen in ihrem Fachgebiet, andere sind Lai:innen. Diese »epistemische Asymmetrie«[14] bringt aber auch mit sich, dass es als Selbstermächtigung, als Umsturz alter Hierarchien gedeutet werden kann, wenn der Glaube an bzw. die Loyalität gegenüber der Wissenschaft aufgekündigt wird. Besonders deutlich wurde das jüngst in den Protesten von Coronamaßnahmen-Gegner:innen, bei denen Verschwörungserzählungen oft für glaubwürdiger gehalten werden als der wissenschaftliche Konsens und in deren Hintergrund rechtsradikale Netzwerke wirken.[15]

Auch abseits dieser wissenschaftsfeindlichen oder zumindest -skeptischen Gruppierungen gilt die Vorstellung mittlerweile jedenfalls als reichlich naiv, dass es in Politik und Bevölkerung ein Wissensvakuum gebe, das die Wissenschaft einfach mit Fakten auffüllen müsse.[16] Vielmehr treffen im Austausch zwischen Wissenschaft und Politik unterschiedliche Wissensformen, mehr noch, unterschiedliche gesellschaftliche Teilbereiche aufeinander, die nach je eigenen Regeln funktionieren.

Was unterscheidet Wissenschaft und Politik voneinander?

»Das Wesentliche in einer Demokratie ist nicht, recht zu haben, sondern im Parlament die Mehrheit zu haben.« (JAN KRAINER ZUR VERMÖGENSSTEUER, IM GESPRÄCH MIT HENDRIK THEINE)

»Ob das Fake News sind, ist ja egal. Natürlich sind sie es. Aber so gewinne ich die Debatte nicht.« (WILLI MERNYI ÜBER MIGRATIONSDEBATTEN, IM GESPRÄCH MIT JÖRG FLECKER)

»Das ist Beschlusslage. Die gesamte Partei steht dahinter, alle Bundesländer und Teilorganisationen. Man muss es wollen. Wir wollen das.« (NURTEN YILMAZ ÜBER STAATSBÜRGER:INNENSCHAFT, IM GESPRÄCH MIT VEDRAN DŽIHIĆ)

Diese Aussagen verweisen auf wesentliche Bezugspunkte in der Welt der Politik: parlamentarische Mehrheiten, gefühlte Wahrheiten, Beschlüsse und politischer Wille. Das sind andere Bezugspunkte als jene in der Wissenschaft. Das wird besonders deutlich, wenn man in der Gesamtschau vergleicht, was Wissenschafter:innen und Politiker:innen jeweils in die Gespräche einbringen, die in diesem Band versammelt sind.

Wissenschafter:innen beziehen sich in erster Linie auf Forschungsergebnisse, vorrangig aus eigenen Studien, aber auch aus jenen anderer Wissenschafter:innen. Sie beschreiben Daten (z.B. Wohnproblemindex, Vermögensverteilung), Modelle (Schicht-Modell zu Arbeitszeit und sozialer Teilhabe), Systematisierungen und Typifizierungen (Dimensionen des Solidaritätsbegriffs, Arten gewerkschaftlicher Macht). Ihre Formulierungen sind meist sehr analytisch und verweisen darauf, wie Dinge entstehen und zusammenhängen (medialer Wandel durch digitale Technologien, Expansion multinationaler Konzerne, unerwünschte Exklusionseffekte von Organisationsformen). Sie verwenden präzise und gehaltvolle Begriffe zur Beschreibung von Phänomenen und Prozessen (Finanzialisierung, Dualisierung, ökologische Modernisierung, Katalysator); manche betonen, dass ihre Forschungsergebnisse nicht ohne Weiteres verallgemeinert werden können und Daten oft nur begrenzt aussagekräftig sind.

Politiker:innen verweisen vor allem auf ihre eigenen politischen Forderungen (z. B. Einkommenstransparenz, mehr Ressourcen für die Justiz) und ihre eigenen politischen Maßnahmen (Wiener Wohnbau, Mindestlohn im Burgenland, Townhall-Meetings im Rathaus). Sie geben Einblick in das politische Alltagsgeschäft: in die Abwägungen zwischen unterschiedlichen Zielsetzungen und Notwendigkeiten (Bevölkerungsexpansion versus Schul-Infrastruktur), in Strategien und Hindernisse bei der Durchsetzung politischer Ziele (ÖVP blockiert Mietrechtsreform und Vermögenssteuer, ÖVP erschwert Antikorruptionsbemühungen) sowie in die Knackpunkte und versteckten Interessenslagen in politischen Auseinandersetzungen (Arbeitszeit-Flexibilität für Arbeitende oder für Unternehmen, Klassismus in der Umweltpolitik). Besonders häufig beziehen sie sich zur Illustration ihrer Argumente auf Anekdoten, großteils aus ihrem eigenen Leben (Diskussionen mit FPÖ-Wählern zu Klassen- versus »Rassen«-Solidarität, Vermittlung von gewerkschaftlichen Anliegen während der Regenbogenparade).

Was sagen uns diese Gegenüberstellungen über das Verhältnis zwischen Wissenschaft und Politik? In den Sozialwissenschaften gibt es mehrere große Theorien, die Gesellschaft als eine Sammlung bzw. ein Zusammenwirken unterschiedlicher Teilbereiche analysieren. Diese Theorien sind recht unterschiedlich in ihrem analytischen Fokus, sie beinhalten aber im Grunde ähnliche Ansätze zum Verhältnis zwischen Wissenschaft und Politik. In Luhmanns Systemtheorie[17] sind Wissenschaft und Politik je eigene Systeme. Jedes System folgt einem eigenen, systemspezifischen, binären Code. Der Code des

Wissenschaftssystems ist »wahr / nicht-wahr«[18], der des politischen Systems »Regierung / Opposition«[19]. Ähnlich sind in Bourdieus Feldtheorie[20] Wissenschaft und Politik je eigene Felder. In jedem Feld herrscht ein spezifisches Einverständnis darüber, was wichtig ist, was als erstrebenswert gilt, worum gekämpft wird, wodurch Anerkennung erworben werden kann. Dieses besteht in der Wissenschaft im Glauben an das uneigennützige Streben nach Erkenntnis;[21] in der Politik im Streben nach Macht über den Staat.[22] Mit der Perspektive der Institutionellen Logiken[23] wiederum können Wissenschaft und Politik als je eigene Logiken beschrieben werden. Diese Logiken strukturieren die Wahrnehmung der Menschen, bieten Sinn und Legitimität und bestimmen, was als selbstverständlich, als logisch angesehen wird und was nicht. In der wissenschaftlichen Logik werden Sinn und Legitimität durch wissenschaftliche Exzellenz erzeugt, in der politischen Logik durch demokratische Prozesse.

Diese systemeigenen Codes, feldspezifischen Einverständnisse, Sinn- und Legitimitätsquellen strukturieren also in all diesen theoretischen Perspektiven den jeweiligen Teilbereich, haben aber nur eine untergeordnete oder keine Bedeutung in anderen Teilbereichen. Ein eindrucksvolles Beispiel dafür liefert der Austausch zwischen Christoph Görg und Rainer Handlfinger zur Klimapolitik. Beide formulieren Notwendigkeiten, die sie als logische Folge aus den gegebenen Sachzwängen ableiten: Der Wissenschafter sagt, dass Emissionen sinken müssten und sich das Wirtschaftswachstum ohnehin nicht im nötigen Ausmaß fortsetzen ließe, es brauche daher eine Veränderung der gesamten Produktions- und Lebensweise. Der Politiker sagt, er stehe als Bürgermeister im Wettbewerb mit anderen Gemeinden um die Bevölkerung, er müsse lokale Arbeitsplätze schaffen und Steuereinnahmen generieren, und die dafür nötigen Einkaufszentren und Siedlungsstraßen gehen mit Bodenversiegelung einher. Dieser Bürgermeister ist sich der klimapolitischen Notwendigkeiten durchaus bewusst und versucht, diese innerhalb der Einverständnisse des politischen Feldes zu erfüllen: Er setzt auf Anreize und psychologische Tricks, er hofft auf technologischen Fortschritt.

Wie oben ausgeführt, berufen sich Wissenschafter:innen zur Untermauerung ihrer Argumente großteils auf Forschungsergebnisse, Politiker:innen auf Anekdoten. Politiker:innen erzählen in den Gesprächen häufig aus ihrem politischen Alltag und aus ihrer persönlichen Lebensgeschichte, Wissenschafter:innen fast nie. Das lässt sich unter anderem auf die unterschiedlichen Selektionsmechanismen zurückführen, die im wissenschaftlichen und im politischen Feld wirken: Die Persönlichkeit von Politiker:innen steht täglich auf dem Prüfstand, Medien beurteilen laufend ihre Authentizität, Empathie und Führungsstärke, und dies wirkt sich unmittelbar auf Umfrage- und Wahlergebnisse aus. In der Wissenschaft hingegen gilt der Anspruch, dass Anerkennung und berufliches Fortkommen nur auf der wissenschaftlichen Leistung beruhen soll, nicht auf der Persönlichkeit der einzelnen Wissenschafter:innen.

Außerdem zeigt sich im unterschiedlichen Umgang mit Anekdoten, was in Wissenschaft und Politik jeweils als legitime Wissensquelle anerkannt ist. Die eigene Lebenserfahrung und der persönliche Blick auf die Welt ist in der Politik eines der überzeugendsten Argumente – und das umso mehr, wenn Politiker:innen selbst Teil der Gruppe sind, über die sie sprechen: Migrantin, Arbeiter:innenkind, schwuler Mann. In der Wissenschaft hingegen hat anekdotische Evidenz kein Gewicht. Jedes Uni-Seminar zu wissenschaftlichem Arbeiten vermittelt mehrere Methoden, die die eigene Forschung nachvollziehbar und reproduzierbar machen sollen; der Erkenntnisgewinn soll unabhängig sein von der individuellen Forschenden. Das ging bis vor einigen Jahren im deutschsprachigen Raum sogar so weit, dass der/die individuelle Wissenschafter:in, das »ich«, in Texten unsichtbar gemacht wurde. Im Doktoratsstudium an der Wirtschaftsuniversität Wien wurde in den frühen 2010er-Jahren noch gelehrt, dass wissenschaftliche Publikationen im Plural zu verfassen sind – »Wir untersuchen in dieser Studie …« –, selbst wenn die Autorin die Forschung alleine durchgeführt hat: Sie spricht hier ja nicht als individuelle Person, sondern als Vertreterin der Wissenschaft. Das hat sich mittlerweile geändert. Dennoch: Der Anspruch, durch wissenschaftliche Studien belastbare Aussagen über den Untersuchungsgegenstand zu treffen, statt sich selbst als Forscher:in abzubilden, ist weiterhin das Ziel wissenschaftlichen Arbeitens.

Begegnung an der Schnittstelle von Wissenschaft und Politik

»Eine Studie der Volkshilfe hat vor Kurzem gezeigt, dass 93 Prozent der Bevölkerung sagen, dass Pflegekräfte besser entlohnt werden sollen und kürzere Arbeitszeiten brauchen.« – »Jetzt ist die Zeit, in der wir große strukturelle Änderungen andenken und anstoßen müssen, die vorher als undenkbar gegolten haben.« (BIRGIT GERSTORFER UND BARBARA PRAINSACK IM GESPRÄCH ÜBER DAS PFLEGESYSTEM)

»In den letzten beiden Jahren konnte das reichste Zehntel der Bevölkerung sein Vermögen noch um 30 Prozent vergrößern, jetzt hat eine neue Studie der Nationalbank gezeigt, dass das reichste Prozent in Österreich fast die Hälfte des Vermögens besitzt.« – »Wir brauchen ein Vermögensregister, wir brauchen eine progressive Vermögenssteuer, wir brauchen Erbschaftssteuern mit relativ hohen Freibeträgen.« (RENATE ANDERL UND MIRIAM REHM IM GESPRÄCH ÜBER VERMÖGENSVERTEILUNG)

»Es gibt kaum Räume, in denen diese parallelen Diskurse zusammenkommen. Weil sie ihre jeweils eigenen Nischen und Plattformen haben, in denen auch Gemeinschaft simuliert wird.« – »Das muss man zunächst einmal positiv sehen. Weil das macht einen ungeheuren Raum auf.« (VERONICA KAUP-HASLER UND FELIX STALDER IM GESPRÄCH ÜBER DIGITALE KOMMUNIKATION)

Die wissenschaftlichen Daten und Analysen in diesen Gesprächsauszügen stammen nicht etwa von den Wissenschafter:innen, sondern von den Politiker:innen. Die politischen Aufrufe und Forderungen wiederum wurden hier von den Wissenschafter:innen geäußert. Wie diese Zitate zeigen, sind die Trennlinien zwischen Wissenschaft und Politik doch nicht so scharf gezogen, wie im vorangegangenen Teil ausgeführt. Manchmal ist in den Gesprächen in diesem Band rein aus dem Gesagten nicht erkennbar, wer spricht. Beispiele dafür sind das ping-pong-artige Nennen von Beispielen für Steuervermeidung von Konstantin Wacker und Evelyn Regner, die abwechselnden Beschreibungen des neuen Selbstbewusstseins von Migrant:innen zwischen Vedran Džihić und Nurten Yılmaz, das gemeinsame Überlegen rund um Klima und Verzichtsdebatten von Felix Butzlaff und Julia Herr oder die fachliche Diskussion zwischen Anna Riegler und Roland Fürst zur Bedeutung von Sprache für Ungleichheitsverhältnisse.

Politiker:innen arbeiten eben auch mit wissenschaftlichem Wissen. Sie holen Beratung und Expertise von Wissenschafter:innen ein; oft geben politische Organisationen wissenschaftliche Studien in Auftrag, um mit den Ergebnissen ihre Argumente und Forderungen zu untermauern. So gewinnen Politiker:innen einen guten Ein- und Überblick über den aktuellen Wissensstand in ihren jeweiligen Themenbereichen und werden schließlich selbst zu Expert:innen. Manche der Politiker:innen, die in diesem Band sprechen, haben auch eine berufliche Vergangenheit in der Wissenschaft.

Und Wissenschafter:innen wiederum sind eben auch politische Menschen. Sie verfolgen das politische Geschehen, denken über politische Strategien nach, sammeln Alltagseindrücke und interpretieren diese politisch. Entsprechend bringen sie auch normative Statements und Anekdoten in die Gespräche ein. Insbesondere jene Wissenschafter:innen, die wir im Rahmen dieser Gesprächsreihe eingeladen haben, sind politische Menschen – das ist ja der Grund, warum sie Fragestellungen untersuchen und Forschungsergebnisse erarbeiten, die für die Politik relevant sind, weswegen wir sie wiederum für diese Gespräche angefragt haben. Einige der Wissenschafter:innen in diesem Band waren selbst in politischen Organisationen aktiv, manche engagieren sich auch heute noch in Interessensvertretungen und politischen Parteien. Und praktisch alle Wissenschafter:innen, die in diesem Band sprechen, bemühen sich, ihre Forschung in verständliche und umsetzbare politische Ableitungen zu übersetzen – nicht nur im Rahmen von Forschungsberichten, sondern auch in der Politikberatung, in Blogs und interaktiven Websites, in Policy Briefs, Interviews und Zeitungskommentaren.

Interessanterweise ist es bei vielen unserer Wissenschaft-&-Politik-Gespräche so, dass die Wortmeldungen der Gesprächspartner:innen zu Beginn recht eindeutig ihren jeweiligen Rollen als Wissenschafter:innen oder Politiker:innen entsprechen. Erst im Gesprächsverlauf werden die Unterschiede undeutlicher, die Trennlinien unschärfer. Wir deuten das als Auswirkung der direkten Interaktion, des persönlichen Austauschs. Sozialwissenschaftliche Theorien des sozialen Handelns sehen Interaktionen als jene Orte, in denen Normen und Bedeutungen reproduziert, ausgehandelt, verändert werden.[24] Im Bemühen, Kommunikation zu ermöglichen, lassen sich die Gesprächspartner:innen aufeinander ein und greifen dabei auf ihre jeweils passenden eigenen Wissensvorräte zurück: Wissenschafter:innen auf ihr politisches Wissen, Politiker:innen auf ihr wissenschaftliches Wissen, beide auf ihre Alltagserfahrungen. Die direkte Interaktion fördert dadurch das gegenseitige Verständnis von Menschen, die sich in den unterschiedlichen Welten von Wissenschaft bzw. Politik bewegen.

Darin liegt eine Absicht hinter der Gesprächsreihe: Wir schaffen damit Räume, in denen gegenseitiges Verständnis erzeugt und Übersetzungsarbeit geleistet werden kann, in denen Wissenschaft und Politik einander durch Einsichten bereichern können. Wissenschaftliches und politisches Wissen sehen wir dabei nicht in einem hierarchischen Verhältnis zueinander, sondern als unterschiedliche, sich ergänzende

Wissensformen. Unser Anliegen ist es, Gespräche und Begegnungsräume so zu gestalten, dass sie einen Austausch auf Augenhöhe fördern. Wissenschaftliche Forschung kann an Relevanz gewinnen, wenn Wissenschafter:innen besseren Einblick in die Abwägungen, Herausforderungen und Wissensbedürfnisse von Politiker:innen gewinnen. Politisches Handeln kann zielgerichteter und wirkungsvoller werden, wenn es auf den Erkenntnissen wissenschaftlicher Analysen aufbaut.

Eine weitere, ebenso bedeutsame Absicht hinter der Gesprächsreihe liegt in der Konfrontation unterschiedlicher Perspektiven, mit dem Ziel, Innovation zu fördern. In diesem Gedanken lassen wir uns anleiten von der oben angesprochenen Theorieperspektive der Institutionellen Logiken. Ihr zufolge werden soziale Situationen meist von mehreren unterschiedlichen, oft auch widersprüchlichen institutionellen Logiken gleichzeitig strukturiert,[25] wodurch widersprüchliche Selbstverständlichkeiten, Sinn- und Legitimitätsquellen aufeinandertreffen. Das kann zu Konflikten führen, wie auch zum Hinterfragen von als logisch, als selbstverständlich angenommenen »Tatsachen«. Geschieht dies öfter, so führt das zu einer Verschiebung der Wirksamkeit unterschiedlicher institutioneller Logiken im jeweiligen sozialen Kontext und weitergehend zu gesellschaftlichem Wandel. Wenn wir Wissenschafter:innen und Politiker:innen miteinander ins Gespräch bringen, schaffen wir damit einen Rahmen, in dem unterschiedliche Logiken aufeinandertreffen. Dabei kann es vorkommen, dass das, was für die eine Person ganz klar – logisch – ist, für die andere Person keinen Sinn ergibt, keine Relevanz hat, unlogisch ist. Wenn sich die beiden Gesprächspartner:innen aufeinander einlassen, kann das wiederum dazu führen, dass sie ihre eigenen Logiken, ihre eigenen Selbstverständlichkeiten, Sinn- und Legitimitätsquellen infrage stellen. Genau durch solche Momente werden Horizonte erweitert und Neues wird denkbar.

In den Gesprächen in diesem Band finden sich nur wenige explizite Momente des Zweifels, der Infragestellung, des noch unentschiedenen

Abwägens widersprüchlicher Ziele und Dilemmata (Ausnahmen gibt es bei schwierigen und ambivalenten Themenbereichen wie Klimapolitik und Migrationspolitik sowie bei Überlegungen zu gewerkschaftlicher Organisation). Das ist durchaus verständlich: Politiker:innen und Wissenschafter:innen sehen diese Gesprächssituationen in den meisten Fällen wohl erst einmal als Auftrittsmomente. Politiker:innen sind es gewohnt, in Zeitungsinterviews und bei Diskussionsveranstaltungen Sicherheit und Orientierung zu vermitteln sowie bei jeder Gelegenheit ihre Forderungen zu platzieren. Wenn Politiker:innen Unsicherheiten und Ambivalenzen ausdrücken, so werden sie dafür von Medien und öffentlicher Meinung tendenziell abgestraft.[26] Unsere moderierten Gespräche, die zu interviewförmigen Texten verarbeitet wurden, haben durchaus Ähnlichkeiten mit anderen, öffentlicheren Auftrittsmomenten. In der Wissenschaft wiederum ist der Umgang mit Unsicherheit zwar integraler Teil des fachlichen Diskurses; im Austausch mit Politik und Öffentlichkeit sind Wissenschafter:innen aber mit der Erwartung konfrontiert, für unterschiedlichste Phänomene eindeutige Erklärungen und Prognosen parat zu haben. Diese Erwartung an die Wissenschaft ist wahrscheinlich auch in unseren Gesprächssituationen spürbar.

Um unsere innovationsorientierte, Selbstverständlichkeiten infrage stellende Absicht hinter den Gesprächen besser zu erfüllen, werden wir bei zukünftigen Begegnungen dieser Art mehr Raum dafür schaffen, dass Unsicherheiten und Uneinigkeiten offen angesprochen werden. So könnten wir etwa durch gezieltes Nachfragen die Widersprüche zwischen den wissenschaftlichen und politischen Logiken stärker in den Fokus nehmen.

Dennoch: Die beteiligten Wissenschafter:innen und Politiker:innen haben durchgehend ihre Wertschätzung für diesen Austauschraum zum Ausdruck gebracht. Für die Politiker:innen war es ein Genuss, ohne Agenda in den Dialog zu treten, sich mit ausreichender Zeit und analytischer Tiefe dieser Auseinandersetzung widmen zu können.

Wissenschafter:innen schätzten die Einblicke in politische Strategien und Abwägungen sowie die Gelegenheit, ihre Einschätzungen direkt an die Politik kommunizieren zu können.

Wir werden diese Räume der Begegnung von Wissenschaft und Politik weiterhin schaffen und im Sinne unserer beiden Absichten – gegenseitiges Verständnis und Konfrontation unterschiedlicher Perspektiven – weiterentwickeln. Jetzt hoffen wir erst einmal, dass die Gespräche in diesem Band auch den Lesenden spannende Einsichten und Inspiration bieten.

Anmerkungen

1   Film »Pierre Bourdieu: Soziologie ist ein Kampfsport«. Regie: P. Carles, Produktion: C-P Productions. Frankreich, 2001. https://www.absolutmedien.de/film/883/Pierre+Bourdieu%3A+Soziologie+ist+ein+Kampfsport (16.5.2022)

2   Demokratie21 (2020): Expert*innen Rundruf – Wie wenig Wissenschaft braucht die Politik als Entscheidungsgrundlage? #2, Juni 2020. https://demokratie21.at/expertinnen-rundruf-2/ (30.6.2022).

3   Androsch, H. (2020): »Wissenschaft und Politik – ein schwieriges Verhältnis«. Gastkommentar APA Science, 10.6.2020. https://science.apa.at/power-search/3082635080150016066 (30.6.2022).

4   APA-Science (2020): Weise den Weg weisen. 10.6.2020. https://science.apa.at/power-search/7138799953043931787 (30.6.2022).

5   Mayntz, R. (1996): Politik und Wissenschaft – ein Spannungsverhältnis. Spektrum der Wissenschaft 5/96: 34.

6   Mayntz, R. (1996): Politik und Wissenschaft – ein Spannungsverhältnis. Spektrum der Wissenschaft 5/96: 34.

7   Büttner, S. M. & Laux, T. (2021): Umstrittene Expertise und die Wissensproblematik der Politik: Eine Einführung. Leviathan 49 / Sonderband 38. 13–40.

8   Bogner, A. & Torgerson, H. (2005): Sozialwissenschaftliche Expertiseforschung. Zur Einleitung in ein expandierendes Forschungsfeld. In: Dies. (Hg.): Wozu Experten? Ambivalenzen der Beziehung von Wissenschaft und Politik. Wiesbaden: VS Verlag für Sozialwissenschaften. 7–29.

9   Zusammenfassend siehe Felt, U. / Nowotny, H. / Taschwer, K. (1995): Wissenschaftsforschung. Eine Einführung. Frankfurt / New York: Campus.

10 Schlagwort »Modus 2«-Wissensproduktion, siehe Gibbons, M. / Limoges, C. / Nowotny, H. / Schwartzman, S. / Scott, P. / Trow, M. (1994): The new production of knowledge. The dynamics of science and research in contemporary societies. London: SAGE.

11 Mayntz, R. (1996): Politik und Wissenschaft – ein Spannungsverhältnis. Spektrum der Wissenschaft 5/96: 34.

12 Büttner, S. M. & Laux, T. (2021): Umstrittene Expertise und die Wissensproble-matik der Politik: Eine Einführung. Leviathan 49 / Sonderband 38. 13–40.

13 Bogner, A. (2021): Die Epistemisierung des Politischen. Wie die Macht des Wissens die Demokratie untergräbt. Ditzingen: Reclam.

14 Nowotny, H. (2005): Experten, Expertisen und imaginierte Laien. In: Bogner, A. & Torgerson, H. (Hg.): Wozu Experten? Ambivalenzen der Beziehung von Wissenschaft und Politik. Wiesbaden: VS Verlag für Sozialwissenschaften. 33–44.

15 Zum Zusammenhang zwischen coronabezogenen Verschwörungs-erzählungen und rechter Mobilisierung siehe die Videoreportage »Kon-formistische Rebellen« des Presseservice Wien (2021): https://youtu.be/c55qE2hK3bM (1.6.2022)

16 Nowotny, H. (2021): Wege aus der Pandemie: Zur Neubestimmung des Verhältnisses von Wissenschaft und Gesellschaft. Policy Brief. http://www.helga-nowotny.eu/downloads/helga_nowotny_b359.pdf (1.6.2022)

17 Luhmann, N. (1987): Soziale Systeme – Grundriss einer allgemeinen Theorie. Frankfurt: Suhrkamp.

18 Luhmann, N. (1975): Soziologische Aufklärung. Band 2. Opladen: Westdeut-scher Verlag.

19 Luhmann, N. (1989): Theorie der politischen Opposition. Zeitschrift für Politik 36. 13–26.

20 Bourdieu, P. & Wacquant, L. (1996): Reflexive Anthropologie. Frankfurt: Suhrkamp.

21 Bourdieu, P. (1998): Vom Gebrauch der Wissenschaft: Für eine klinische Soziologie des wissenschaftlichen Feldes. Konstanz: UVK Universitätsverlag.

22 Bourdieu, P. (2001): Das politische Feld. Zur Kritik der politischen Vernunft. Konstanz: UVK Universitätsverlag.

23 Thornton, P. H. / Ocasio, W. / Lounsbury, M. (2012): The Institutional Logics Perspective – A New Approach to Culture, Structure, and Process. Oxford: Oxford University Press.

24 Für entsprechende Beiträge aus der Sozialpsychologie siehe Blumer, H. (1969): Symbolic Interactionism. Perspective and Method. New Jersey: Prentice Hall.

25 Greenwood, R. / Raynard, M. / Kodeih, F. / Micelotta, E. R./ Lounsbury, M. (2011): Institutional Complexity and Organizational Responses. The Academy of Management Annals 5/1. 317–371.

26 Nowotny, H. (2021): Wege aus der Pandemie: Zur Neubestimmung des Verhältnisses von Wissenschaft und Gesellschaft. Policy Brief. http://www.helga-nowotny.eu/downloads/helga_nowotny_b359.pdf (1.6.2022)

I.

ARBEIT & SOZIALSTAAT

WOHNEN IN WIEN – ZWISCHEN FINANZMARKTLOGIK UND SOZIALPOLITIK

Wie wirkt sich der Sturm auf »Betongold« auf den Mietmarkt aus? Welche Hebel können Staat und Stadt bewegen, um Wohnen leistbar zu machen? Diese Fragen diskutieren Justin Kadi (Stadtforscher an der Technischen Universität Wien) und Waltraud Karner-Kremser (Vorsitzende des Wiener Gemeinderatsausschusses für Wohnen). Sie überlegen, was wir aus der Wohnpolitik des »Roten Wien« für heute lernen können.

26. Mai 2020, Wien (Rathaus)

Einer der zentralen Slogans während des ersten Corona-Lockdowns war neben »Kurve abflachen« auch »Bleibt zu Hause«. Das ist schwieriger, wenn das Zuhause klein und eng ist, ohne Außenflächen.

Karner-Kremser: Für uns stehen dabei drei Dinge im Vordergrund: Erstens, was bedeutet das für all jene, die sich das Wohnen jetzt nicht mehr leisten können, weil sie zum Beispiel arbeitslos geworden sind? Für uns ist jedenfalls klar, es gibt in Wien keine Räumungsklagen bis Ende des Jahres. Danach wird man sich anschauen müssen, wie man weiter damit umgeht – die Stundung von Mietkosten alleine wird nicht ausreichen. Das Zweite ist Gewalt im eigenen Zuhause – da haben wir mit den Frauenhäusern und dem Frauennotruf eine gute Infrastruktur und kooperieren auch eng mit der Polizei. Und das Dritte ist der beengte Wohnraum. Für uns war daher wichtig, die Bäder zu öffnen, auch in den Hitzeperioden die coolen Straßen zu haben und natürlich genug Grünraum und Parks.

Justin, du hast einen Wohnproblemindex berechnet, um zu sehen, wie die Wohnqualität in der Bevölkerung verteilt ist.

Kadi: Mit Wohnproblemen meine ich engen Raum, Lärm, wenig Licht und Ähnliches. Ich habe mit den gängigen Statistiken einen Index gebastelt, der zeigt, welche sozialen Gruppen wie stark davon belastet sind. Eine Sache, die klar herauskommt, ist, dass die Verteilung der Wohnprobleme ganz stark mit sozialer Ungleichheit insgesamt korreliert. Also die, die ganz stark belastet sind, sind großteils Leute, die arm sind, die ein geringes Einkommen haben, und vor allem Leute, die nicht die österreichische Staatsbürgerschaft haben. Außerdem: Wohnungsprobleme sind ein städtisches Problem, das ergibt sich durch die Bevölkerungsdichte.

Wenn wir die Wohnkosten betrachten, dann zeigt sich, dass Österreich im internationalen Vergleich relativ gut liegt, dass diese Kosten allerdings in den letzten zehn Jahren massiv gestiegen sind, vor allem in Wien und vor allem seit der Krise 2008. Warum ist das so?

Kadi: Die eine Frage ist: Wie erklärt man diesen relativ starken Anstieg in Österreich und in Wien in den letzten Jahren? Dafür ist es aber erst einmal hilfreich, zu verstehen, warum die Wohnungspreise in sehr vielen Städten weltweit steigen. Wichtig sind dabei Angebot und Nachfrage, Zuzug in Städte – aber ebenso zentral ist die Verquickung von Wohnungsmarkt und Finanzmarkt. Was wir in den letzten 20 bis 25 Jahren in vielen Städten und vielen Wohnungssystemen weltweit sehen, ist, dass sehr viel privates Kapital auf den Wohnungsmarkt strömt, aus den verschiedensten Bereichen. Wir diskutieren das in der Forschung unter dem Begriff der »Finanzialisierung« von Wohnen: dass am Wohnungsmarkt zunehmend die Finanzmarktlogik eine Rolle spielt.

Woher kommt dieses private Kapital?

Kadi: Es gibt viele Firmen, die in ganz anderen Bereichen tätig sind, General Motors zum Beispiel in der Autoindustrie, die mittlerweile einen beträchtlichen Teil ihres Kapitals nicht dafür verwenden, Autos zu produzieren, sondern in Finanzinstrumente zu investieren, die wiederum in den Immobilienmarkt fließen. Da gibt es plötzlich sehr viel Interesse, im Immobilienmarkt Geld anzulegen, es also in »Betongold« zu stecken. Bei der Finanzkrise 2008 wurde zwar klar, dass die Verzahnung von Finanzmarkt und Wohnungsmarkt problematisch ist, das hat aber nicht dazu geführt, dass dieses System grundlegend geändert wurde. Die großen Finanzinvestoren, so wie BlackRock, die weltweit tätig sind, haben längst neue Möglichkeiten gefunden, in den Wohnungsmarkt zu investieren.

Karner-Kremser: Im kommunalen Wohnbereich, im Gemeindebau, liegen die Quadratmeterpreise in Wien bei 7,20 Euro, im privaten Mietsektor bei etwa 14 Euro, also doppelt so viel. Und da gibt es auch keine wirkliche Grenze nach oben. Man sagt zwar, der Markt reguliert sich von selbst – ja, aber er reguliert sich hinauf. Die, die Geld haben, werden sich schon irgendwas leisten können, aber auch für die wird es immer enger. Wir haben 220.000 Gemeindewohnungen, wo du überhaupt keine Eigenmittel brauchst. Und wir bauen auch Smart-Wohnungen, die sind dann zwar kleiner, muss man ganz offen sagen, aber auch günstig. Aber es ist eben der private Mietsektor, den wir nicht in den Griff bekommen. Das können wir nur indirekt über den kommunalen Wohnbau steuern, also dass wir dadurch das allgemeine Preisniveau niedrig halten. Aber wenn jemand freifinanziert baut, der kann verlangen, was er will.

Das könnte man ja über das Mietrecht steuern.

Karner-Kremser: Ja, aber das ist ein Bundesgesetz. Und das Problem ist, dass wir im Parlament, auf Bundesebene, seit unglaublich langer Zeit um ein wirklich gutes Mietrechtsgesetz ringen, das einfach nicht zustande kommt, weil die ÖVP es nicht will. Es ist uns auch in den Koalitionen, die wir auf Bundesebene hatten, nicht gelungen, das durchzusetzen. Einfach weil da die Interessen diametral auseinandergehen.

Kadi: Die letzte große Mietrechtsreform, Anfang der 90er, ging deutlich in Richtung einer Stärkung der Eigentümer:innen-Interessen. Diese Reform hat die Koordinaten massiv verschoben, gerade

für Wien. Weil der Sektor, um den es da insbesondere ging, der Alt-
bausektor, das sind vor allem Wohnungen in Wien. Und damit hat
der private Mietwohnungsmarkt, das ist etwa ein Drittel des Wohn-
raums in Wien, in den letzten 20 bis 25 Jahren eine enorme Transformation durchgemacht. Das war lange die Integrationsmaschine von
Wien, die Substandard-Altbauwohnungen, von denen es viele gab:
relativ leicht zugänglich für Neuankommende, relativ günstig, dafür
von der Qualität her deutlich unter dem sozialen Wohnbau. Dieser
Sektor hat sich transformiert von einem qualitativ niedrigen Nied-
rigpreissektor zu einem qualitativ hochwertigen Hochpreissektor.
Das, was heute am privaten Mietwohnungsmarkt angeboten wird,
zählt qualitativ teilweise zu den besten Wohnungen, die es gibt am
Wohnungsmarkt, aber das ist für viele Leute nicht leistbar. Ich würde
sagen, dass das auch ein wesentlicher Faktor ist, warum die Situation
heute wesentlich angespannter ist.

Wessen Interessen vertritt die ÖVP im Bereich der Wohnpolitik?

Karner-Kremser: Der ÖVP-Vertreter im Gemeinderatsausschuss
Wohnen orientiert sich an der Idee, dass alle ein Eigenheim haben
sollen. Aber viele ÖVP-Wähler:innen sind ja auch Mieter:innen, also
warum die Interessen dort so groß sind, kann ich so genau nicht sagen.

Kadi: Manchmal gibt es Momente, in denen sehr klar wird, welche
Interessen vertreten werden. Zum Beispiel im Regierungsprogramm
der letzten ÖVP-FPÖ-Regierung: Auf den wenigen Seiten über
Wohnen waren mehrere Forderungen aus dem Forderungskatalog
des größten Lobbyverbandes der österreichischen Immobilieneigen-
tümer drinnen, manche wortwörtlich, inklusive der entsprechenden
Satzzeichen.

Wie groß ist der Einfluss der Immobilienlobby in Österreich?

Kadi: Man sieht schon, dass sich die Eigentümer:innen in den
letzten Jahren in Österreich stärker formieren und in Form von
Lobbyverbänden auch in der öffentlichen Diskussion eine größere
Rolle spielen. Die privaten Eigentümer:innen haben lange eine

eher geringere Rolle gespielt, aber da ist etwas im Umbruch. Das hat relativ banal angefangen, mit Aussendungen der verschiedenen Lobbyorganisationen, aber die werden mittlerweile auch besser. Die versuchen zunehmend, die wohnungspolitischen Argumente, die oft für das österreichische System vorgebracht werden, aufzugreifen und um 180 Grad umzudrehen: Gemeindebau ist schlecht, plötzlich ist die Wohnbauförderung schlecht und so weiter.

Wozu führt diese Entwicklung?

Kadi: Ich habe versucht, die Entwicklung der letzten zehn bis 15 Jahre in Wien zu erfassen mit dem Begriff der »Dualisierung«. Was ich damit meine, ist: Leute, die zum Beispiel eine Gemeindebauwohnung haben, die eine geförderte Wohnung haben, die noch einen unbefristeten privaten Mietvertrag haben, wie es sehr lange die Norm war – die sind sehr gut abgesichert. Mieterhöhungen sind da schwer durchzusetzen; im privaten Wohnungsmarkt einen Mieter rauszubekommen, das ist schwer, da gibt es viel Schutz. Die Situation stellt sich aber ganz anders dar für Leute, die neu in die Stadt kommen. Die Mieten heute sind im Vergleich zu vor zehn Jahren wesentlich höher, die privaten Mietverträge sind befristet. Und im geförderten- und Gemeindebausegment gibt es sehr viel Nachfrage, die nicht zur Gänze gedeckt werden kann. Das heißt, die Frage ist, wie schafft man es, das System des kommunalen und geförderten Wohnbaus so auszuweiten, dass möglichst viele Leute dazu Zugang haben. Ich habe den Eindruck, dass die Politik in den letzten Jahren verstärkt in die Richtung gegangen ist, insbesondere im kommunalen Wohnbau, den Bestand, den man hat, zu verwalten, und nicht dem Bedarf entsprechend auszuweiten.

Karner-Kremser: Ja, aber das ist auch berechtigt. Es ist kurzsichtig, »Hurra!« zu schreien und zu sagen: »Wir freuen uns, wir sind bald zwei Millionen!«. Weil Wohnen alleine reicht ja nicht aus. Wir haben einen sehr hohen Anspruch, was wir für die Wiener Bevölkerung wollen: Wie komme ich von A nach B, habe ich auch genug

Schulen und Universitäten, wie schaut es aus mit Freiraum? Wir wollen, dass Wien zu 50 Prozent grün bleibt, das heißt, ich kann nicht alles verbauen. Wir haben gleichzeitig auch beschränkte finanzielle Mittel. Und wir sind manchmal auch abhängig vom Bund. Das merken wir zum Beispiel bei den Sekundarschulen, das sind ja Bundesschulen. Wir bauen Kindergärten gemeinsam mit den Wohnbauträgern, wir bauen Volksschulen, und wir können auch noch auf den Supermarkt hinauf Turnsäle bauen, das ist alles kein Thema. Aber, Beispiel Liesing: Dieser Bezirk wird in den nächsten Jahren noch um weitere 15.000 Personen wachsen, das werden viele sein, die auch noch kleine Kinder haben. Diese Kinder werden groß, und was mache ich dann mit den 14-, 15-Jährigen? Wir haben in Wien nicht genug Sekundarschulen. Deswegen sind wir auch da oder dort schon auch auf der Bremse gestanden, was neuen Wohnraum betrifft, weil wir gesagt haben, das ist unverantwortlich. Ja, wir haben Flächen, wir können bauen, aber wir müssen das Rundherum mitdenken.

Zum Verhältnis zwischen Staat und Markt im Wohnungsbereich: Wohin soll der politische Kompass weisen? Wäre es erstrebenswert, dass alles im Gemeindebesitz ist?

Karner-Kremser: Ich denke nicht, dass das ein Ziel sein muss. Auf unserer Agenda steht, Gemeindewohnungen weiter zu bauen und innovative Projekte zu fördern, wie Baugruppen, Wohnungen für Alleinerziehende, WG-Formen für Junge und auch für Senior:innen. Und mit dem gleichen Augenmerk auch darauf zu achten, wie schaut es aus mit der begleitenden Infrastruktur und mit neuen Erfordernissen im Leben der Menschen.

Kadi: Ich glaube, am Ende ist das Verhältnis zwischen Staat und Markt keine rein ideologische Frage, sondern es muss auch eine empirische Frage sein: Was funktioniert, was funktioniert nicht? Dazu gibt es mehr als ein halbes Jahrhundert an Wohnungsforschung. Wenn wir da vergleichen: auf der einen Seite ein System wie Wien, wo relativ strikt reguliert wird, wo der Markt eine relativ eingeschränkte

Rolle hat, und auf der anderen Seite eine Situation wie beispielsweise in den USA, wo der Markt eine sehr viel größere Rolle spielt, der Staat sich sehr viel mehr zurücknimmt: Das, was am Ende im Sinne der Wohnungsversorgung herauskommt, ist in Wien sehr viel besser. Und gerade in Wien haben wir wahnsinnig viel Wissen darüber, wie das geht, also wie man es schaffen kann, den privaten Markt einzuschränken, um die Wohnversorgung zu verbessern.

Karner-Kremser: Zweimal in der Woche kommen Delegationen nach Wien, aus dem europäischen, aber vor allem aus dem deutschen Raum, die gerne wissen wollen, wie wir Wohnen machen. München zum Beispiel hat in den 90er-Jahren in einem Schnellschuss den gesamten kommunalen Wohnbau verkauft, die haben damals festgelegt, dass für 20 Jahre die Mieten nicht erhöht werden dürfen. Aber 20 Jahre vergehen sehr rasch. So, jetzt sind die privatisiert, und jetzt kracht es dort im Gebälk, weil die Mieten so hinaufgehen. Dieser kommunale Wohnbau, den wir in den letzten 100 Jahren in Wien aufgebaut haben, das klappt gut, diese Stadt. Und auf den zu verzichten, um rasches Geld zu machen, das wäre eine wirkliche Katastrophe.

Kadi: Diese Delegationen kommen, weil in vielen deutschen Städten das Wissen in der Politik und in der Verwaltung nicht vorhanden ist: Wie funktioniert das, dass man den Markt einschränkt und Wohnen als Grundbedürfnis behandelt, statt als ein Wirtschaftsgut, mit dem der private Markt versucht, Profit zu maximieren? Da ist Wien wie kaum eine andere Stadt weltweit politisch einen Schritt gegangen, zu sagen: Das mit dem rein privaten Wohnungsmarkt ist einfach keine gute Idee. De facto ist das auch heute das, wovon Wien noch zehrt. Also ich würde sagen: Vergessen wir diese Geschichte nicht und orientieren wir uns einfach an dem, was hier vor Ort gelernt wurde.

Ist das Rote Wien ein Bezugspunkt für die aktuelle Wiener Wohnpolitik?

Karner-Kremser: Ich sage, es ist unser Erbgut. Wohnen gehört mit zur Daseinsvorsorge: Jeder braucht einen Rückzugsort, einen sicheren Raum, ein Zuhause. Und das darf den Menschen nicht unter dem Hintern wegverkauft werden. Ähnlich stehen wir zu Wasser, ähnlich stehen wir zur Müllentsorgung. In all diesen Bereichen haben wir Beispiele aus anderen Ländern, die uns zeigen, wie es ist, wenn zum Beispiel das Wasser nicht allen gehört. Natürlich entrichtest du einen Beitrag, aber an sich drehst du bei uns den Wasserhahn auf und kannst dir sicher sein, es gibt sauberes Wasser. Im kommunalen Wohnraum sind die Mietverträge nicht befristet. Wenn du deine Miete zahlst, wohnst du dort bis an dein Lebensende. Du brauchst diesen Investitionsschub für ein Eigenheim nicht, um zu etwas zu kommen.

Kadi: Das ist auch etwas, wo man gut die politische Dimension sieht, die politische Entscheidung, dass man diesen Sektor sozial zugänglich hält. Rein rechtlich wäre es so, dass im Gemeindebau befristet vermietet werden könnte oder Lagezuschläge verlangt werden könnten. Es ist eine politische Entscheidung, dass das nicht passiert. Und das ist wichtig zu sagen, weil da kommt diese sozialpolitische Dimension, die eben in Wien eine lange Tradition in der Wohnungspolitik hat, gut zum Vorschein.

Zu den Personen

Justin Kadi ist Stadtforscher am Institut für Raumplanung der Technischen Universität Wien. Er ist Herausgeber mehrerer wissenschaftlicher Zeitschriften und Mitbegründer des Stadtentwicklungs-Blogs urbaniZm.net. Seine Forschung konzentriert sich auf Wohnungspolitik, sozial-räumliche Ungleichheit und Gentrifizierung.

Waltraud Karner-Kremser ist Abgeordnete der SPÖ zum Wiener Landtag und Mitglied des Wiener Gemeinderats. Dort leitet sie den Gemeinderatsausschuss für Wohnen, Wohnbau, Stadterneuerung und Frauen. Darüber hinaus ist sie Vorsitzende der SPÖ-Frauen in Liesing.

SOLIDARITÄT IN DER PANDEMIE: VOM BALKONKLATSCHEN BIS ZUR PFLEGEREFORM

Wie steht es um die Solidarität in unserer Gesellschaft, wenn das Balkonklatschen des Frühlings 2020 längst verhallt ist, während eine angemessene Entlohnung für die Beklatschten immer noch auf sich warten lässt? Barbara Prainsack (Politikwissenschafterin an der Universität Wien) und Birgit Gerstorfer (oberösterreichische Soziallandesrätin) besprechen, in welcher Form sich die Erfahrungen aus der Coronapandemie darauf auswirken können, wie wir unsere Gesellschaft und den Pflegesektor gestalten.

22. Dezember 2020, online

Barbara, du leitest gemeinsam mit anderen Kolleg:innen zwei große Forschungsprojekte, die untersuchen, wie Menschen mit der Coronapandemie und ihren Folgen umgehen: erstens das »Austria Corona Panel Project«, zweitens das Projekt »Solidarity in times of a pandemic«.

Prainsack: Ja. Die Corona-Panel-Studie ist eine repräsentative Studie, damit gehen wir in die Breite, wir befragen monatlich 1.500 Personen und können dann recht verlässlich allgemeine Aussagen über Tendenzen in der österreichischen Bevölkerung treffen. Die Befragung läuft über Online-Fragebögen, die Ergebnisse werden jeweils sehr schnell analysiert und auf unserer Website veröffentlicht. Die Solidaritäts-Studie geht in die Tiefe, wir haben in zwei Wellen – im Frühling und im Herbst 2020 – mit jeweils 80 Leuten in Österreich qualitative Interviews geführt, da kann man den Menschen wirklich zuhören und sie fragen, warum sie bestimmte Dinge tun. Da dauert auch die Auswertung länger.

Das ist ein wahrer Datenschatz, den ihr damit hebt. Die Ergebnisse präsentiert ihr auf dem Corona-Blog und dem SolPan-Blog.

Prainsack: Uns ist es wichtig, die Ergebnisse direkt für die Öffentlichkeit und für die Politik verfügbar zu machen. Das ist ein wesentlicher Grund, warum wir die Corona-Panel-Studie durchführen: Wir wollen den Entscheidungsträger:innen nicht die Ausrede lassen, dass es keine Daten gibt. Dabei interessiert uns nicht nur, wem die Menschen vertrauen und wen sie wählen würden, sondern: Wie geht es den Frauen mit dem Homeschooling? Wie geht es älteren und auch jüngeren Menschen mit Einsamkeit? Welche Gruppen haben Einkommensverluste gehabt? Wer ist in Kurzarbeit? In den Tiefeninterviews können wir dann auch genauer nachfragen. Beispielsweise sehen wir: Es macht wenig Sinn, die Menschen einfach nur in Maßnahmen-Befolger:innen und -nicht-Befolger:innen einzuteilen. Es gibt sehr viele Menschen, die sagen: »Ich will die großen Regeln einhalten, aber ich muss die kleinen oft brechen, weil ich es sonst nicht aushalte, weil mein Kind sonst vereinsamt« und so weiter. Das Projekt ist also nicht nur ein wissenschaftliches Projekt, sondern es hat auch eine tagespolitische Relevanz: Wir hoffen, dass wir damit auch beeinflussen können, wie die Politik über die Menschen spricht und was man über das Leben der Menschen weiß.

Gerstorfer: Solche Studien sind sehr wertvoll für uns. Ich bekomme schon einen Eindruck, die Menschen erzählen mir von ihrem Leben, aber ich befrage nicht systematisch 80 Personen in Tiefen-Interviews. Aus dem, was ich in meinen Gesprächen höre, ist mein Eindruck, dass es bei den Menschen eine immer größere Sehnsucht gibt, dass das jetzt aufhört, dass man den Schalter wieder umkippt, dass es wieder so ist wie im Februar 2020. Corona wirkt sich unglaublich auf die ganz persönlichen Verhältnisse, auf die Rahmenbedingungen aus, da geht es um die Gestaltung eines neuen Alltags. Es wird immer klarer, dass das kein kurzfristiges Intermezzo war – und das führt zu einer gewissen Form von Verdrossenheit und Überdrüssigkeit.

In den Studien seht ihr das auch: Im Frühling 2020 gab es eine beson-dere Stimmung, viele Praktiken der Nachbarschaftshilfe, ein Gefühl des Miteinanders. Im Corona Panel Project habt ihr einen Indikator zu der Grundstimmung in der Gesellschaft, der seit April stetig sinkt und auch im Zuge des zweiten Lockdowns nicht wieder nach oben gegangen ist. Warum geschieht das?

Prainsack: Wenn man die Entwicklungen seit dem Frühling beschreiben möchte, muss man unterschiedliche Formen der Solida-rität unterscheiden. Das Erste ist die Mensch-zu-Mensch-Solidarität, die auch in den Medien sehr viel Aufmerksamkeit bekommen hat: Wir stehen am Balkon und singen und klatschen. Das ist nach einer anfänglichen Hochphase heruntergegangen, aber das ist in Krisen normal. Das kennt man auch aus Naturkatastrophen oder aus Kriegs-zeiten, diese Kriegseuphorie: »Jetzt sitzen wir alle im selben Boot und bekämpfen die Bedrohung.« Am Anfang halten alle zusammen. Dann zermürben die Menschen, und dann gehen auch die Gräben zwischen den unterschiedlichen Gruppen auf. Diese Art von Solida-rität ist tatsächlich kontinuierlich gesunken.

Gerstorfer: Was im März zu spüren war, dieses solidarische Enga-gement, Nachbarschaftshilfe, Kontaktpflege und so weiter, da hat es ja eine ganze Menge gegeben: Das zeigt für mich schon, dass wir viele andere Werte haben, als zwischen Arbeit und Konsum im Hamster-rad zu rennen. Ich glaube, es hat eine Unterbrechung stattgefunden, und diese Unterbrechung hat zum Nachdenken angeregt.

Prainsack: Die zweite Form der Solidarität ist das gemeinsame Handeln im Interesse einer solidarischen Gesellschaft. Das ist im Gegensatz zu diesem vorher beschriebenen Zusammenhalt-Gefühl nicht gesunken, das zeigen beide Forschungsprojekte. Wenn man die Menschen fragt: Warum tun sie, was sie tun? Warum waschen sie sich die Hände, warum setzen sie sich die Masken auf? Dann sagen alle, und zwar kontinuierlich: In erster Linie, weil sie die anderen schützen wollen. Und wir sehen ebenfalls in beiden Studien, dass sich die Menschen eine gerechtere Gesellschaft wünschen. In der Krise mehr denn je. Selbst viele mit großem Haushaltseinkommen wünschen sich eine stärkere Besteuerung von Vermögen und eine gerechtere Verteilung der Lasten. Und auch Menschen, die selbst wenig haben, machen sich um die anderen Sorgen.

Gerstorfer: Das geht entgegen einem Tenor, der vorher so stark war: »Jeder ist seines Glückes Schmied«, »Leistung muss sich lohnen«, diese Dinge, die sehr stark an der Einzelperson andocken: »Leistung muss sich lohnen, daher müssen wir die Mindestsicherung und die Sozialhilfe drücken«, statt dass man die Löhne hebt und die Arbeitsbedingungen verbessert – immer unter der Annahme, jeder rennt arbeitsscheu durchs Leben und will in der Hängematte liegen. Das stimmt ja nicht, das ist eine völlige Fehleinschätzung. Und jetzt ist dieser Tenor endlich leiser – weil wir gesehen haben, wie sehr uns ein starker Sozialstaat dabei hilft, durch diese Pandemie zu kommen: unser gutes Gesundheitssystem, unsere Arbeitslosenversicherung, auch die Leistungen in den Pflegeheimen und den Kindergärten. Hätten wir keine Pandemie gehabt, wären diese Leistungen niemals so sichtbar geworden. Das muss man jetzt wirklich in den Vordergrund rücken.

Prainsack: Das ist die dritte Form der Solidarität, die institutionelle Solidarität. Beispiele dafür sind der Sozialstaat, progressive Steuern oder ein öffentliches Gesundheitssystem, zu dem die Menschen beitragen, wie sie können, und Leistungen erhalten, wie sie sie brauchen. Auch eine öffentliche Daseinsvorsorge ist eine Form institutionalisierter Solidarität. Und dass diese immer wichtiger wird, hat sich in der Krise sehr deutlich gezeigt. In Ländern, in denen es ein gutes öffentliches Gesundheitssystem gibt, sterben nicht deshalb weniger Menschen an Corona, weil es bessere Intensivstationen gibt, sondern weil Menschen überhaupt gesünder sind, Zugang zu Vorsorgeuntersuchungen gehabt haben und so weiter. Die Bedeutung dieser institutionellen Solidarität ist für die Menschen größer und wichtiger geworden, und auch das ist nicht gesunken, das bleibt weiterhin wichtig für die Menschen.

Gerstorfer: Deshalb haben wir deutlich bessere Chancen nach Corona, den Sozialstaat zu verteidigen und auszubauen. Wenn Menschen nach einem Sozialstaat rufen, die sich vorher lieber die Zunge abgebissen hätten, bevor sie es tun, ist das ja ein durchaus gutes erstes Zeichen.

Prainsack: Ich würde hier nur gerne noch drei Punkte ergänzen. Erstens: Die Solidarität endet in Österreich leider für viele Menschen mit den Landesgrenzen. Die meisten Menschen wollen beispielsweise keine höheren EU-Beitragszahlungen, um Menschen woanders zu helfen, denen es schlechter geht. Zweitens: Wir müssen aufpassen, dass wir in der Armutspolitik nicht alles auf Corona schieben, also dass man sich nicht nur noch auf jene konzentriert, die durch die Krise verloren haben. Auch die, die vorher schon arm waren, sind weiterhin wichtig. Armutsreduktion ist eine ganz wichtige Aufgabe der Politik, es ist auch eine Aufgabe insbesondere der Sozialdemokratie, der sie nicht ausreichend nachkommt. Und drittens: Gerade die Bedeutung von Pflege und Betreuung ist in den letzten Monaten so deutlich geworden. Das muss ein Teil unserer Daseinsvorsorge werden.

Beim Thema Pflege ist durch die Pandemie sehr klar sichtbar geworden, welche strukturellen Probleme es gibt – und auch schon lange vor Corona gab. Was wären die wichtigsten Maßnahmen, um hier strukturell etwas zu verbessern?

Gerstorfer: Strukturell kann man das nur verbessern, wenn man dem Pflegeberuf ein höheres Ansehen verleiht, und das geht natürlich in erster Linie durch höhere Löhne und bessere Arbeitsbedingungen. Höhere Löhne und ein besserer Pflegepersonalschlüssel, also wie viel Personal steht für wie viele Pflegebedürftige zur Verfügung, sind ein absolutes Muss. Wenn sich das Ansehen des Arbeitsplatzes in der Pflege erhöht, dann wird das Interesse auch größer, dorthin zu gehen – und nur so können wir den Arbeitskräftebedarf in der Pflege stemmen.

In Oberösterreich wurden in Alten- und Pflegeheimen zusätzliche Hilfskräfte eingestellt – allerdings nur befristet.

Gerstorfer: Ja, und die Rückmeldungen sind alle super positiv, weil das genau das ist, was die Pflegekräfte brauchen. Helfende Hände, die die kleinen Dinge erledigen, für die man nicht unbedingt zwei Jahre in der Ausbildung gesessen sein muss. Mir hat letztens eine Pflegedienstleiterin erzählt, sie haben 250 Kühlschränke zu putzen und die Vorhänge von 500 Fenstern zu waschen. So banale Dinge. Wenn das eine Hilfskraft macht und nicht eine ausgebildete Pflegerin, dann verändert das die Arbeitsbedingungen und das Ansehen des Berufs.

Prainsack: Das ist wahrscheinlich einer der wenigen Vorteile, die diese Krise hat: Bei vielen Dingen, wo früher alle die Hände in die Höhe geworfen haben und gesagt haben, es ist denkunmöglich und niemals, niemals geht das, das geht jetzt plötzlich. Jetzt ist die Zeit, in der wir große strukturelle Änderungen andenken und anstoßen müssen, die vorher als undenkbar gegolten haben. Ich denke, beim Pflegesystem ist den meisten Menschen jetzt klar, dass wir da als Gesellschaft eine Lösung brauchen.

Gerstorfer: Eine Studie der Volkshilfe hat vor Kurzem gezeigt, dass 93 Prozent der Bevölkerung sagen, dass Pflegekräfte besser entlohnt werden sollen und kürzere Arbeitszeiten brauchen. Also in der Bevölkerung ist das Bewusstsein da, aber in der Politik, bei denen, die es entscheiden müssen, nicht. Ich verstehe aber auch, dass die Gemeinden das nicht stemmen können. Was früher das Armen-, Siechen- und Waisenwesen war, ist heute die Sozialhilfe, die Pflege, die Kinder- und Jugendhilfe. Das Gesetz ist aber immer noch das gleiche, und in dem Gesetz steht, dass jede Gemeinde für ihre Armen, Siechenden und Waisen verantwortlich ist – damit liegt auch die Finanzierung bei den Gemeinden. Das erfordert unbedingt eine Änderung. Wenn nämlich

Gemeinden nicht mehr 25 Prozent ihres Budgets für Soziales aufwenden müssen, sondern deutlich mehr, dann wird es innerhalb kürzester Zeit einen Wettbewerb geben in der Gemeinde: Kann ich mir das Feuerwehrauto und die Straßensanierung noch leisten oder kümmere ich mich um die Kinder und die Alten?

Prainsack: Zu diesem Schluss sind wir auch gekommen, dass es daran hakt. Man muss diese historischen Eigentümlichkeiten verändern – nicht nur, damit die Gemeinden nicht mit der Finanzierung alleingelassen werden, sondern weil das ein Problem ist, das gesamtgesellschaftlich, strukturell anders gelöst werden muss. Das hat auch damit zu tun, dass Pflege traditionell Frauenarbeit war. Das hat nichts gekostet, wurde nicht als wertvoll gesehen. Die institutionalisierte Medizin war ja im Gegensatz dazu Männerarbeit, und da hat man sehr schnell eine große, solidarische Lösung gefunden. Die Pflege hat man aber mit der Waisen- und Armenfürsorge in den Gemeinden belassen. Da braucht es eine strukturelle Änderung, und da sehe ich die Coronakrise als Möglichkeitsrahmen: Weil wir jetzt sehen, wie aufgeschmissen wir alle wären, wenn diese unterbezahlte und unbezahlte Arbeit nicht getan würde.

Gerstorfer: Und es wird auch immer weniger möglich sein, dass die Altenpflege einfach die Mama übernimmt, wenn die Kinder aus dem Haus sind. Das geht sich bald nicht mehr aus. Erstens ist die Erwerbsbeteiligung der Frauen massiv gestiegen, zweitens bekommen Frauen ihre Kinder jetzt später als früher, drittens steigt das Pensionsantrittsalter. Ich kann das an meinen eigenen drei Generationen zeigen, dann ist das gut verständlich: Meine Mama ist mit 55 in Pension gegangen, da war ihre Mama 79. Wenn ich in Pension gehe – ich kann gerade noch mit 60 gehen –, dann ist meine Mama 84. Wenn meine Töchter dann mit 65 in Pension gehen, bin ich 91. Ich müsste es also bis 91 schaffen, ohne Pflege auszukommen. Daher kann ich mir ganz sicher schon ausrechnen, dass ich einmal nicht von meinen Töchtern gepflegt werde – und zwar ganz unabhängig davon, welche Ideologie zu diesem Zeitpunkt an der Macht ist. Wichtig wird dann sein: Haben wir es geschafft, Pflege als attraktiven Arbeitsplatz zu gestalten? Denn es muss ausreichend Personal zur Verfügung stehen, damit auch die Babyboomer-Generation darauf vertrauen kann, dass wir qualitätsvoll gepflegt werden, wenn wir einmal Pflege brauchen.

Zu den Personen

Barbara Prainsack ist Professorin und Institutsleiterin am Institut für Politikwissenschaft der Universität Wien. Sie leitet dort die Forschungsplattform »Governance of digital practices« sowie die Forschungsgruppe »Zeitgenössische Solidaritätsstudien«. Sie ist Mitglied der Österreichischen Bioethikkommission und seit Anfang 2022 Vorsitzende der European Group on Ethics in Science and New Technologies. Außerdem ist sie Teil des wissenschaftlichen Netzwerks des Karl-Renner-Instituts.

Birgit Gerstorfer ist oberösterreichische Soziallandesrätin, ihr programmatischer Fokus liegt vor allem auf einem Ausbau im Pflege- und Betreuungsangebot und zusätzlichem, qualifiziertem Personal im Pflegesektor. Zum Zeitpunkt des Gesprächs war sie Vorsitzende der SPÖ Oberösterreich. Davor leitete sie als Geschäftsführerin das Arbeitsmarktservice Oberösterreich.

ARBEITSZEIT: FLEXIBILITÄT FÜR DIE ARBEITENDEN ODER FÜR DIE UNTERNEHMEN?

Welche Arbeitszeit-Regelungen belasten die Gesundheit und Lebensgestaltung arbeitender Menschen? Wie wirkt sich das auf ehrenamtliche Tätigkeiten und demokratische Teilhabe aus? Diese Fragen besprechen Bettina Stadler (Ko-Leiterin des Forschungsinstituts FORBA) und Barbara Teiber (Vorsitzende der Gewerkschaft GPA). Einig sind sie sich vor allem darin, dass es ein Arbeitszeitmodell braucht, das unterschiedliche Lebensphasen berücksichtigt.

13. Dezember 2019, Wien (GPA)

Bettina, ihr habt in eurem Forschungsprojekt flexible Arbeitszeitregelungen untersucht. Was habt ihr dabei herausgefunden?

Stadler: Unsere Untersuchungen zeigen, dass Arbeitnehmer:innen mit flexiblen und selbstbestimmten Arbeitszeiten zufriedener sind als mit starren Arbeitszeiten. Das Problem ist, dass es Arbeitnehmer:innen aus verschiedenen Gründen immer wieder schwerfällt, bei ihrer Arbeitszeit Grenzen zu ziehen. Diese Selbstbestimmung führt daher häufig zu langen Arbeitszeiten. Ein gewisses Maß an Vorgaben durch Arbeitszeitregelungen ist längerfristig vorteilhaft für Arbeitnehmer:innen, auch wenn diese Ansicht von den Betroffenen nicht immer geteilt wird.

Wie wird das in der Gewerkschaft diskutiert?

Teiber: Der Hauptpunkt ist: Für wen sind die Arbeitszeiten flexibel? Es gibt flexible Arbeitszeiten, da kann ich selbst bestimmen, wann ich anfange und aufhöre. Aber es gibt auch flexible Arbeitszeiten, da bestimmt der Arbeitgeber die Arbeitszeit. Und das verstehe ich unter nicht selbstbestimmten Arbeitszeiten. Am schlimmsten ist es dann noch, wenn sich die Arbeitszeit permanent ändert. Gegen

Flexibilität haben ja die Arbeitnehmer:innen nichts, und auch wir als Gewerkschaft nicht. Aber eben nur dann, wenn ich sie wesentlich mitbestimmen kann.

Stadler: Das ist auch bei atypischen Arbeitszeiten wichtig. Da sind zwar fixe und lange im Voraus geplante Arbeitszeiten für Arbeitnehmer:innen eher machbar als ständig wechselnde Arbeitszeiten. Auch bei Berufen mit Diensträdern, etwa im Pflegebereich: Da wissen die Leute im besten Fall schon sehr lange vorher, wann sie eingesetzt sind. Problematisch ist es aber, wenn es hier sehr wenig Flexibilität gibt und ich dann zum Beispiel einen Kindertermin in der Schule nicht wahrnehmen kann, nicht zur Hochzeit der Freundin oder der Geburtstagsfeier der Oma gehen kann.

Teiber: Was wir oft unter dem Schlagwort »Flexibilität« erleben, ist, dass der Arbeitgeber flexibel über die Arbeitskraft verfügen kann. Dann kann ich nicht mehr Mensch sein. Dann bin ich nur mehr Arbeitskraft.

Ihr habt das unter dem Begriff der sozialen Teilhabe untersucht.

Stadler: Ja, das deckt sich mit den Befunden einer Studie, die wir gerade fertigstellen. Da ging's um die Auswirkungen von atypischen Arbeitszeiten auf soziale Teilhabe. Soziale Teilhabe heißt in diesem Zusammenhang, dass man umfassend am sozialen Leben teilnehmen kann. Die Essenz unserer Analysen ist ein Modell mit vier Schichten sozialer Teilhabe. Bei belastenden Arbeitszeiten werden diese von außen nach innen eingeschränkt. Wenn es Belastungen durch Arbeitszeiten gibt, fällt als erstes das Engagement in Vereinen und Kursen weg. Diese Termine sind eben regelmäßig abends. Und je belastender die Arbeitszeiten sind, desto weiter geht es ins Innere. Dann wird es schwierig, Hobbies nachzugehen oder Freundschaften zu pflegen. Was als Kern praktisch immer überbleibt, ist die engere Familie. In einem Arbeitsverhältnis, in dem man immer wieder kurzfristig einspringen muss oder auch zwischen Tag- und Nachtdienst wechselt, ist man, was soziale Teilhabe betrifft, eigentlich reduziert auf die Kernfamilie.

Teiber: Klar. Wenn man einem Freund dreimal absagen muss, denkt sich der: Was bin ich ihr wert? Das private Umfeld wird dann immer kleiner, es ist ein Teufelskreis.

Stadler: Wir haben Fallstudien in Betrieben durchgeführt. Der Bereich Dauernachtarbeit in der Sicherheitsbranche, den ich mir angeschaut habe, war sozusagen die Baseline. Da findet man vieles, das sehr schwierig ist, in komprimierter Form. Der Arbeitgeber bestimmt häufig über die Arbeitszeiten, es gibt sehr oft sehr kurzfristige Einsätze. Dort hat das System: zu wenig Personal, extreme Konkurrenz bei den Preisen, niedrige Löhne. Ich habe Interviews geführt und jemanden, der in so einer Situation arbeitet, gefragt: »Haben Sie Zeit für Sport?« Seine Antwort: »Kaffeetrinken ist mein Sport. Zu mehr komm ich nicht.«

Die Möglichkeit, sich ehrenamtlich und politisch zu betätigen, hängt also eng mit Arbeitszeitregelungen zusammen.

Stadler: Genau, ehrenamtliches und politisches Engagement fällt als Erstes weg. Das ist nicht mehr möglich, wenn man durch die Arbeitszeiten belastet ist.

Teiber: Das ist wirklich eine spannende Debatte, wir haben da nämlich auch ein Dilemma in Bezug auf Mitbestimmung und Demokratie. Weil dann sind genau die, die rund um die Uhr arbeiten müssen und schlechte Jobs haben, komplett ausgeschlossen von Demokratie im weiteren Sinne – von Diskussionen und Beteiligungsprozessen. Dafür braucht man ja Zeit.

Stadler: Und wir sehen in unserer Forschung, dass nicht jede Stunde am Tag gleich wertvoll ist. Zum Beispiel für soziale Teilhabe: Es gibt halt gewisse Termine und Treffen, die passieren abends. Oder auch für Sorgepflichten: Wenn man Kinder hat, sind natürlich bestimmte Zeiten, ab 16, 17 Uhr, wichtiger als zehn Uhr am Vormittag.

Teiber: Das muss auch wertgeschätzt und wahrgenommen werden. Es wird in der Pflege und im Handel immer Dienstpläne geben, von dem kommt man ja nicht weg. Aber wenn ich einspringe oder wenn ich an Randzeiten arbeite – abends, Wochenende – dann muss das einfach mehr kosten, sei es in Geld oder in Freizeit. Das haben wir jetzt erreicht im Kollektivvertrag für die Sozialwirtschaft Österreich: Wenn ich kurzfristig einspringe, bekomme ich dafür einen Zuschlag.

Stadler: Ich glaube, ein Problem in Österreich ist auch, dass ungesunde Arbeitszeiten oder sozial schädliche Arbeitszeiten traditionell finanziell belohnt werden. In Kombination mit teilweise sehr niedrigen Löhnen in manchen Berufen treibt das viele Menschen in eine ungesunde Arbeitszeit.

Aber eine höhere Entlohnung von Randzeiten ist ja genau das, was die Gewerkschaft fordert, erzeugt das nicht bei den Arbeitenden einen Anreiz für ungesunde Arbeitszeiten?

Teiber: Das ist eben zweischneidig. Einerseits ist es sinnvoll, die elfte, zwölfte Stunde teurer zu machen für die Unternehmen, damit sie es nicht von den Arbeitskräften einfordern. Andererseits kann das natürlich dazu führen, dass Arbeitnehmer:innen aus monetären Gründen länger arbeiten wollen.

Stadler: Unsere Empfehlung wäre, das eher mit Zeit auszugleichen als mit Geld.

Wenn ihr mit Arbeitgeber:innen verhandelt, wollen die Überstunden eher mit Geld oder mit Zeit ausgleichen?

Teiber: Das ist unterschiedlich. In unseren Kollektivverträgen schauen wir meistens, dass sich die Arbeitnehmer:innen das aussuchen können. Was mir aber auffällt: Immer wenn wir Forderungen und Wünsche nach Arbeitszeitverkürzung formulieren, kommt gleich das »Nein« von der Wirtschaft. Das kann ich mir manchmal nicht erklären. Da wird lieber Geld gegeben, als dass sie uns beim Thema Arbeitszeitverkürzung entgegenkommen. Und ich habe oft das Gefühl, dass da etwas Ideologisches, etwas Grundsätzliches dahintersteckt. Dass man über die Zeit der Arbeitnehmer:innen verfügen will. Das ist etwas ganz Heftiges, etwas Paternalistisches.

Stadler: Auch als mehr Väter begonnen haben, in Karenz zu gehen, gab es oft sehr heftige Reaktionen von den Arbeitgeber:innen.

Dahinter steckt die Vorstellung, dass man – gerade als Mann – alle Kraft, alles Engagement für die Arbeit geben muss. Und wenn dann jemand sagt: »Jetzt bin ich für ein halbes Jahr oder ein Jahr weg, weil ich mich um meine Kinder kümmere, das ist mir auch wichtig«, dann wird das oft als mangelnde Loyalität wahrgenommen.

Teiber: Dabei zieht sich der Wunsch nach mehr Freizeit überall durch, vor allem bei jungen Arbeitnehmer:innen. Ich bekomme oft die Rückmeldung von Betrieben, dass sie mit diesem Phänomen gar nicht umgehen können, dass viele junge Leute, die gut ausgebildet sind, wirklich Teilzeitwünsche haben.

Das gegenteilige Phänomen beobachtet ihr aber auch, also dass Menschen mehr arbeiten, als sie bezahlt bekommen.

Teiber: Ja. Viele Menschen haben Spaß und Freude an der Arbeit, und das soll ja auch so sein. Aber in manchen Bereichen neigen die Leute schon auch zur Selbstausbeutung. Das Arbeitszeitgesetz hat einen Schutzcharakter. Es ist klar, dass man es nicht über Jahrzehnte aushält, zwölf Stunden am Tag zu arbeiten, das führt zu körperlichen und psychischen Schäden. Dem kann man durch gewerkschaftliche Organisation gegensteuern. Bei einem meiner ersten Betriebsratskurse, das ist schon lange her, waren ganz neu gewählte Betriebsrät:innen dabei. Einer davon wollte einen Betriebsrat im Unternehmen gründen, weil dort folgende Kultur entstanden war: Niemand wollte als Erster nach Hause gehen am Abend, weil das ist dann der Loser. Die haben sich gegenseitig hochgeschaukelt, sodass die dann am Schluss alle bis neun, zehn gegessen sind.

Stadler: Sicher wahnsinnig produktiv (lacht).

Teiber: Die waren dann null produktiv, klar. Der Kollege hat gesagt, nein, das geht so nicht weiter. Hat einen Betriebsrat gegründet, damit man eben mehr auf Arbeitszeiten schaut.

Stadler: Das ist wirklich ein riesengroßes Thema. Wir sehen auch, wie selbstbestimmte Arbeitszeiten gerade bei Hochqualifizierten oft zu freiwillig überlangen Arbeitszeiten führen.

Wie kommt ihr zu diesen Erkenntnissen rund um die Arbeitszeit?

Stadler: Für unsere aktuelle Studie haben wir repräsentative Daten für die gesamte österreichische Erwerbsbevölkerung analysiert, konkret ein Sondermodul der Mikrozensus-Arbeitskräfteerhebung. Dort sind Informationen darüber enthalten, ob die Menschen ihre Arbeitszeiten selbst steuern können, ob sie sie aufzeichnen, ob es eine Überstundenvereinbarung gibt. Das haben wir verglichen mit den tatsächlich geleisteten Arbeitsstunden, mit Angaben zur Arbeitszufriedenheit und Ähnlichem. Und vor einigen Jahren haben wir eine eigene Befragung gemacht, da waren sehr viele Männer im mittleren Alter mit vielen Überstunden dabei. Die haben wir gefragt: »Glauben Sie, dass Sie in diesem Arbeitszeitmodell bis zur Pension arbeiten werden?« Ganz viele haben gesagt: »Nein«. Bei den Fragen zur Gesundheit haben alle gesagt: »Ja, ich bin gesund, mir geht's gut«. Ich habe daraus geschlossen: Die Arbeitszeiten werden als belastend wahrgenommen, diese Belastung kann man jedoch kompensieren, wenn man 30, 40 ist. Aber man weiß, man spürt schon, dass das nicht bis zur Pension so gehen kann, und dass das auch auf Dauer nicht gesund ist. Es gibt ja auch genug Studien, die sehr klar belegen, dass lange Arbeitszeiten schädlich sind.

Teiber: Besonders schlimm ist das in Kombination mit All-In-Verträgen, die immer mehr zunehmen, und in manchen Branchen und Betrieben zu Massenphänomenen werden, wo es nicht nur um gut verdienende Führungskräfte geht, sondern teilweise fast ganze Belegschaften betroffen sind. Mit einem All-In-Vertrag hast du das Gefühl, du bist deinem Arbeitgeber ausgeliefert. Wir haben in der GPA seit ein paar Jahren einen All-In-Rechner für die 20 größten Branchen, wo man das »All-In-Gehalt« eingibt und die durchschnittlichen Arbeitsstunden. Wir haben jetzt die Daten ausgewertet, und da kommt heraus, dass 40 Prozent unter Kollektivvertrag bezahlt werden, also einen untertariflichen Stundenlohn bekommen. Das hat das Arbeitszeitverlängerungsgesetz jetzt noch einmal schlimmer gemacht. Weil: auch wenn es in den Verträgen gar nicht so drinnensteht, glauben viele, sie müssen jetzt bis zu 60 Stunden leisten.

Stadler: Man sieht auch aus der Arbeitszeitpsychologie, dass es dann die notwendigen Erholungsphasen nicht mehr gibt.

Teiber: Und die, die lange arbeiten, können ihre Freizeit nicht mehr positiv gestalten, sondern brauchen die Zeit dafür, sich zu erholen, diese Erschöpfungszustände loszuwerden. Das kann's ja wohl nicht sein, dass man keine Zeit mehr für sich selbst hat, sondern sich eigentlich nur mehr von der Arbeit erholt.

Arbeitszeitregulierungen werden abgebaut unter klingenden Schlagwörtern wie Eigenverantwortung und Flexibilität. Da stellt sich für mich die Frage: Wie kann man dafür argumentieren, dass es Regelungen braucht, ohne als rückwärtsgewandter Blockierer dazustehen?

Teiber: Wo das gut funktioniert, ist, wenn es um Urlaub geht. Dann ist es ein Geben und ein Nehmen: Wenn ich manchmal länger arbeite, dann muss ich auch etwas dafür bekommen, am besten sechs Wochen Urlaub oder längere Freizeitblöcke. Wir sind ja nicht gegen flexible Arbeitszeiten, aber eben so, wie ich gesagt habe: Ist man fremdbestimmt oder selbstbestimmt? Geht es um mehr Flexibilität für den Arbeitgeber oder für mich? Das ist ein wesentlicher Unterschied. Die Wirtschaftskammer meint mit »Flexibilität« etwas ganz anderes als wir. Ein weiteres Argument, das auch die meisten so sehen: Es braucht Schutzgesetze. Das sehen auch die so, die durchaus gerne ab und zu lange arbeiten. Arbeitszeitgesetze sind eben Schutzgesetze, die vor Ausbeutung schützen. Wenn eine Ministerin selbst in einem Radiointerview sagt, sie appelliert an die Arbeitgeber:innen, das neue Arbeitszeitgesetz nicht auszunutzen, dann weiß man ja schon, was der Punkt ist.

In eurer Studie empfehlt ihr ein lebensphasenspezifisches Arbeitszeitmodell. Was meint ihr damit?

Stadler: Je nach Lebensphase sind unterschiedliche Arbeitszeiten sinnvoll und möglich. In der Phase mit kleinen Kindern und gegen Ende der Erwerbsbiografie weniger Stunden und vor den Kindern oder wenn die Kinder größer sind, wieder mehr. Frauen mit Kindern arbeiten heutzutage typischerweise Teilzeit. Es wird immer noch in der Kategorie atypische Arbeitszeit gefasst, aber tatsächlich ist es in dieser Lebensphase das typische Erwerbsmodell für Frauen; für Männer eher selten. Es wäre sinnvoll, Teilzeitarbeit für beide Geschlechter als Phase in einer Erwerbsbiografie stärker anzuerkennen. In der Forschung ist breit anerkannt, dass lebensphasenspezifische Arbeitszeitmodelle sinnvoll wären. Die Schwierigkeit besteht darin, das in Kollektivverträgen umzusetzen – vor allem mit der steigenden Fluktuation: Die Leute bleiben ja inzwischen nicht mehr ein Leben lang beim gleichen Arbeitgeber. Wie kann ich dann Ansprüche, die ich einmal erworben habe, mitnehmen?

Teiber: Was wir in vielen Kollektivverträgen schon haben, ist eine Sabbatical-Regelung: Dass ich bis zu einem Jahr auch ganz weg bleiben kann und dafür über mehrere Jahre weniger Geld verdiene. Das nehmen auch viele in Anspruch. Die Bildungskarenz, die wir als Gewerkschaften erkämpft haben, ist eine tolle Regelung. Auch die bestehende Altersteilzeit-Regelung ist aus unserer Sicht gut – und gerade weil solche Regelungen so wichtig sind, ist es wirklich schade, dass Schwarz-Blau vor Kurzem die Altersteilzeit um zwei Jahre verkürzt hat.

Zu den Personen

Bettina Stadler ist Wissenschafterin und Ko-Leiterin der Forschungs- und Beratungsstelle Arbeitswelt (FORBA). Sie untersucht neue Formen der Gestaltung von Arbeitszeiten und setzt diese in Zusammenhang mit Themen wie Gender, sozialem Dialog und Mitbestimmung. Sie arbeitet mit quantitativen und qualitativen Forschungsmethoden und unterrichtet an der Universität Wien.

Barbara Teiber ist Vorsitzende der Gewerkschaft GPA und Vizepräsidentin der Arbeiterkammer Wien. Von 2013 bis 2018 war sie Abgeordnete des Wiener Landtags und Gemeinderats. Seit Anfang 2020 gehört sie dem Verwaltungsrat der Österreichischen Gesundheitskasse (ÖGK) an und vertritt dort die Interessen der Arbeitnehmer:innen.

II.

WIRTSCHAFTSPOLITIK

VERMÖGEN IN ÖSTERREICH:
WER HAT, WER NICHT, UND WAS IST ZU TUN?

Im Zuge der Coronapandemie haben die Reichen ihr Vermögen noch einmal deutlich erhöht. Im Gespräch erörtern Miriam Rehm (Ökonomin an der Universität Duisburg-Essen) und Renate Anderl (Präsidentin der Arbeiterkammer), wie dieser Reichtum verteilt ist. Vor allem aber zeigen sie, dass der Reichtum verschoben werden muss: nämlich dorthin, wo er uns allen ein gutes Leben ermöglicht. Und dass progressive Kräfte dafür die notwendigen politischen Mehrheiten schaffen und Gelegenheitsfenster nutzen müssen.

24. März 2022, online

Miriam, du hast den Gender Wealth Gap untersucht, also die Vermögensungleichheit zwischen Frauen und Männern. Wir kennen den Gender Pay Gap und wissen, dass Frauen ein knappes Fünftel weniger verdienen als Männer. Wie sieht es aus mit der Vermögensverteilung zwischen den Geschlechtern?

Rehm: Der Vermögensunterschied innerhalb von Paaren ist mindestens so relevant wie der Einkommensunterschied, und auch hier gibt es eine Schere zwischen Männern und Frauen. Dass wir das sagen können, verdanken wir relativ neuen Daten, die ermöglichen seit ein paar Jahren diesen Einblick.

Wie kommt dieser Gender Wealth Gap zustande?

Rehm: Um das besser einschätzen zu können, haben wir mithilfe unterschiedlicher soziodemografischer Faktoren untersucht, was diese Unterschiede erklären kann. Wir wissen aus anderen Untersuchungen, dass Alter, Bildung und Migrationshintergrund die

Vermögensbildungsfähigkeit stark beeinflussen. Männer sind in Paaren häufig älter und haben damit mehr Vermögen angehäuft. Männer haben höhere formale Bildungsabschlüsse – das trifft allerdings nur auf die älteren Paare zu. Aber interessant ist, dass Frauen bei allen diesen Faktoren überkompensieren müssten, um auf ein vergleichbares Vermögensniveau zu kommen. Das heißt: Selbst bei Paaren, in denen beide den gleichen Bildungsabschluss haben, gibt es einen Vermögensunterschied. Beim Alter müssen Frauen mehr als fünf Jahre älter sein, um die Vermögenslücke zumindest teilweise wettzumachen. Und ganz massiv wirkt der Migrationshintergrund, der ist bei Frauen einer der haupterklärenden Faktoren für die Vermögensunterschiede innerhalb von Paaren in Österreich.

Wie wirken sich Heirat und Kinder auf die Vermögenslücke aus?

Rehm: Wir sehen relativ geringe Effekte, wenn Kinder dazukommen, aber interessant ist tatsächlich, dass das Heiratsregime durchaus eine Auswirkung hat. Bei verheirateten Paaren ist das Vermögen noch einmal stärker schief verteilt, vor allem am oberen Ende, wo besonders viel Vermögen da ist. Wenn's also um etwas geht, mit Verlaub ausgedrückt, dann geht die Schere erst so richtig auf.

Das sind eindrucksvolle Einblicke, aber sie sind auch nicht besonders überraschend. Wie werden solche Ergebnisse in der Politik besprochen? Sorgt das für Entrüstung oder wird das achselzuckend hingenommen?

Anderl: Wir sehen hier ein Bild, das wir auch vor 20 bis 30 Jahren schon gesehen haben. Das ist das Ärgerliche daran. Wir kommen zwar weiter, aber im Schneckentempo. In der Gewerkschaftspolitik schauen wir sehr genau darauf, vor allem auf die Unterschiede im Einkommen. Wenn Frauen schon im Erwerbsleben weniger Einkommen haben, dann wirkt sich das im Alter, in der Pension noch einmal dramatischer aus. Ein wichtiger Schritt war der Einkommensbericht, in dem Unternehmen seit 2011 die durchschnittlichen Einkommen veröffentlichen müssen. Das war der erste Schritt, als

Nächstes brauchen wir Einkommenstransparenz auch innerhalb der Betriebe.

Dass ich also wirklich weiß, was verdient der Kollege, die Kollegin neben mir.

Anderl: Genau. Bei einer Pressekonferenz sagte kürzlich ein Journalist zu mir: »Wollen wir wirklich, dass wir alle wissen, was ich verdiene?« – »Ja!« Vielleicht tu ich mir ein bisschen leichter, weil ich war ja ÖGB-Vizepräsidentin, und für die Mitglieder des ÖGB-Vorstandes sind die Einkommen auf der Homepage nachlesbar. Das heißt, mein Einkommen ist schon ganz lange öffentlich. Und ich glaube, wir sollten uns dazu auch bekennen, vor allem als Frauen, dass unsere Arbeit etwas wert ist. Und das heißt auch, zu dem Einkommen stehen. Aber vor allem: Wenn die Frau weiß, was der Mann neben ihr verdient, der in Wirklichkeit die gleiche Tätigkeit macht, dann kann sie etwas dagegen tun! Und dann kann auch die Gleichbehandlungsanwaltschaft aktiv werden. Ein weiterer sehr wichtiger Punkt ist, dass wir mehr Kinderbildungseinrichtungen brauchen.

Du sagst »Kinderbildungseinrichtung«, nicht »Kinderbetreuungseinrichtung«.

Anderl: Ja, bewusst. Für unsere Kinder ist das die erste Bildungseinrichtung. Das ist keine Aufbewahrungsstätte, das ist eine Bildungseinrichtung, wir haben da bestens qualifizierte Pädagoginnen und Pädagogen. Wir müssen auch den Eltern die Angst nehmen – »Ich gebe mein Kind wo ab«. Nein, sondern: »Ich gebe meinem Kind eine Chance, in die erste Bildungseinrichtung einzusteigen.« Alle, die das tun, wissen, was Kinder dort lernen. Und mit entsprechenden Öffnungszeiten ermöglichen diese Einrichtungen den Müttern, vollzeiterwerbstätig zu sein. Wenn es das nicht gibt, bedeutet das immer wieder, dass Frauen zurückstecken und sich in Teilzeit begeben. Das ist wirklich katastrophal, die Hälfte der erwerbstätigen Frauen sind teilzeitbeschäftigt, bei den Männern sind es zehn Prozent. Und wenn man genauer hinschaut, warum Männer in Teilzeit sind, dann ist das nicht deswegen, weil sie Kinder haben, sondern sehr häufig für Weiterbildung, Weiterqualifikation.

Rehm: Das wurde in den letzten beiden Jahren sehr deutlich. Die Verkürzung der Erwerbsarbeitszeit aufgrund von coronabedingten Schulschließungen hat Frauen besonders stark getroffen, Männer weniger.

Anderl: Viele Frauen wurden tatsächlich während der Corona-Lockdowns in das typische Rollenklischee einer Frau zurückgedrängt. Und auch wenn sich viele Frauen gerne um Haushalt und Kinder kümmern, können sie sich trotzdem nicht leicht damit abfinden, dass plötzlich nur der Mann in die Arbeit geht, Karriere macht, Geld verdient. Es geht immer darum, dass auch die Frau ein finanziell unabhängiges, selbstbestimmtes Leben führen kann.

Miriam, in einer anderen Studie hast du die Vermögensverteilung auch in Bezug auf den Migrationshintergrund von Menschen untersucht.

Rehm: Wir haben vor allem untersucht, wie sich das Vermögen von Migrant:innen in Österreich in der ersten und in der zweiten Generation entwickelt hat im Vergleich zum Vermögen von autochthonen Österreicher:innen. Die besitzen grob 80.000 Euro pro Haushalt, Migrant:innen-Haushalte der ersten Generation im Durchschnitt knapp 20.000 Euro. Da ist das Vermögen also deutlich niedriger. Bei Migrant:innen der zweiten Generation, das heißt, wo die Eltern nach Österreich migriert sind und die bereits hier geboren sind, besitzen die Haushalte gut 70.000 Euro.

Und dieser Unterschied zwischen erster und zweiter Generation kommt vor allem durch Erbschaften zustande?

Rehm: Erbschaften sind der wichtigste Faktor im Vermögensaufbau. Das ist für mich das Hauptergebnis unserer Untersuchung: Vermögen ist etwas ganz stark Generationelles. Die Kinder der Gastarbeiter:innen haben sogar mehr geerbt als die Kinder autochthoner Österreicher:innen. Wir sehen also Aufstieg durch die Arbeit der Eltern, durch das Ansparen und den Vermögensaufbau der damals ersten Generation. Wir sehen aber auch, dass wir gerade bei der zweiten Generation am oberen Ende der Verteilung eigentlich höhere Vermögen erwarten würden, wenn wir uns die sonstigen Charakteristika dieser Personengruppen ansehen. Das kann ein Hinweis auf Diskriminierung sein.

Anderl: Dass Erbschaften hier eine so große Rolle spielen, führt mich sehr schnell wieder dazu, dass wir eine Erbschaftssteuer brauchen. Das ist wichtig für die soziale Gerechtigkeit: Wenn jemand einfach zu Geld kommt, ohne irgendetwas dafür geleistet zu haben, soll diese Person auch einen fairen Anteil für die Gemeinschaft leisten.

Rehm: Das zeigt die Forschung ganz klar, wir sehen das in jeder Studie: Erbschafts- und Vermögenssteuern, gerade mit hohen Freibeträgen, sind wirklich extrem treffsicher. Und sie können für den Sozialstaat ein relevantes Aufkommen erbringen. Außerdem sind sie absolut umsetzbar. Wir sehen gerade mit dem Krieg in der Ukraine und den Vermögen der russischen Oligarchen, wie leicht es wäre herauszufinden, wo die großen Vermögen liegen: Die stehen wo, wenn es Immobilien sind; die sind versichert, wenn es sich um eine Yacht handelt oder um ein Kunstgemälde. Es wäre möglich, ein globales Vermögensregister einzurichten und das dann zu besteuern. Hier gibt es auch in der Bevölkerung ganz eindeutige Mehrheiten, bis zu zwei Drittel, für Vermögenssteuern. Das heißt, es ist eigentlich ein Rätsel, warum die Vermögenssteuer nicht eingeführt wird.

Was ist mit der Gefahr, dass das Geld »abwandert«?

Rehm: Naja, aus österreichischer Perspektive: Wo sollen sie denn noch hin? Bei der Vermögenssteuer sind wir am unteren Ende der Liste, wenn wir uns vom drittletzten auf den fünftletzten Platz hinauf verschieben, wird das vermutlich nicht viel ändern. Und natürlich, mit einem globalen Vermögensregister wäre auch diese Drohung aus der Welt.

Anderl: Österreich war auch schon vor der Pandemie eines der Länder mit den höchsten Vermögensungleichheiten. In den letzten beiden Jahren konnte das reichste Zehntel der Bevölkerung sein Vermögen noch um 30 Prozent vergrößern, jetzt hat eine neue Studie der Nationalbank gezeigt, dass das reichste Prozent in Österreich fast die Hälfte des Vermögens besitzt. Diese Zahlen und Entwicklungen sind haarsträubend. Wenn man eine Vermögenssteuer ab einer Million Euro ansetzt, beginnend mit einem Steuersatz von 0,5 Prozent, dann wächst ja deren Vermögen trotzdem weiter – und bringt aber Geld für die Pflege, für armutsgefährdete Kinder und so weiter. Da müssen wir hinschauen, vor allem jetzt nach der Pandemie, wo die Vermögenden noch vermögender geworden sind.

Rehm: Das ist ein wichtiger Punkt: Vermögen bringt Einkommen, somit verstärkt sich in unserem Wirtschaftssystem die Konzentration von Vermögen stetig weiter. Und das ist gerade am oberen Ende noch einmal stärker der Fall. Rein aufgrund der Art des Vermögens werden hier noch höhere Renditen erwirtschaftet, gibt es noch höhere Einkommen auf jeden Euro Vermögen. Und die Vermögenssteuern, so wie sie diskutiert werden, sind so klein, dass wir in Wahrheit maximal den Anstieg ein bisschen dämpfen.

Woran liegt es also, dass wir keine Vermögenssteuer haben?

Rehm: Ich habe das gemeinsam mit zwei Politikwissenschafter:innen untersucht, wir haben uns die Entwicklung der öffentlichen Diskussion infolge von Krisen angesehen, konkret nach der Finanz- und Wirtschaftskrise 2008 – aber es gibt andere Forschung auch, zu Pandemien und Kriegen. Es gibt während und nach diesen Krisen zumindest vorübergehend eine Diskursverschiebung, so wie Renate das gerade geschildert hat: »Die Reichen müssen einen Beitrag leisten!«, »Es kann nicht sein, dass die, die ohnehin am meisten unter der Krise leiden, dann auch noch die Krisenlasten schultern, während sich andere bereichern!« Wir haben Spanien, Deutschland und Österreich verglichen, und es wurde eines deutlich: Wenn innerhalb der linken Massenparteien der linke Flügel mehr Macht bekommt, sag ich jetzt einmal vorsichtig, und diese Diskursverschiebung nützen kann, dann entwickelt sich das hin zu progressiven Steuern, bis hin zur Vermögenssteuer. Die wurde in vielen Ländern reduziert oder abgeschafft, aber eben im Gefolge der Finanz- und Wirtschaftskrise auch wieder eingeführt. In Spanien zum Beispiel, aber auch in Frankreich, hat es da zeitweise solche Entwicklungen gegeben.

Zu Beginn der Pandemie gab es auch in Österreich das erklärte Ziel, eine befristete Vermögensabgabe einzuführen, einen »Solidarbeitrag«. Damals hat auch die ÖVP Diskussionsbereitschaft signalisiert. Was ist daraus geworden?

Anderl: Diese Bereitschaft der ÖVP ist dann recht schnell wieder verschwunden. Es war auch bei uns nicht unumstritten: Warum sollten wir von der Forderung einer generellen Vermögenssteuer abgehen, warum nur befristet? Andererseits haben aber viele gesagt, dass das ein guter Einstieg in Richtung Vermögenssteuer wäre, auf dem man dann aufbauen könnte.

Der Zweck einer Vermögenssteuer ist ja, dass man mehr Geld für die Allgemeinheit zur Verfügung hat. Aber es ändert praktisch nichts an der Verteilung. Was wären denn gute Maßnahmen, um wirklich an der extrem schiefen Verteilung zu rütteln?

Rehm: Es ist wahrscheinlich politisch-strategisch sinnvoll, eine sehr moderate Form der Vermögenssteuer vorzuschlagen – also dass man die Diskussion nicht mit der Forderung nach völliger Enteignung beginnt. Wir müssen uns schon bewusst machen: Wir sind hier wirklich im sehr, sehr moderaten politischen Bereich. Und nicht einmal das ist durchsetzbar, und zwar nicht einmal nach massiven Krisen. Das Problem ist also nicht, dass es nicht genug gute Ideen und Konzepte gäbe. Wir brauchen ein Vermögensregister, wir brauchen eine progressive Vermögenssteuer, wir brauchen Erbschaftssteuern mit relativ hohen Freibeträgen, die die breite Masse der Erb:innen nicht hart treffen. Das Problem ist vielmehr die politische Durchsetzungskraft, sind die politischen Mehrheiten, um die Konzepte durchzusetzen, die am Tisch liegen.

Anderl: Und auch wenn wir mit einer Vermögenssteuer die Vermögensungleichheit nicht beseitigen: Was wir damit jedenfalls erreichen können, ist, dass wir weniger Armut im Land haben, dass wir die Mindestpensionist:innen und die Arbeiter:innen mit den niedrigsten Löhnen unterstützen – nämlich indem wir durch eine Vermögenssteuer mehr Geld haben, um in die Pflege zu investieren, in die Bildung zu investieren, in ökologische Nachhaltigkeit zu investieren.

Rehm: Wenn wir über Vermögen reden, dann schauen wir immer zu jenen, die viel haben. Aber genauso zentral ist natürlich die untere Hälfte, die praktisch kein privates Vermögen besitzt. Die unteren 50 Prozent halten weniger als fünf Prozent des Vermögens, das zeigen alle Daten. So wichtig die paar Tausend Euro oder das Häuschen am Land sein mögen: Als Anteil am gesamten Vermögen in Österreich ist es einfach nichts. Aber für diese Menschen stellt eben der Sozialstaat ihr Vermögen dar, also die sozialstaatlichen Ausgaben, sei es im sozialen Wohnbau, sei es im öffentlichen Gesundheitssystem, sei es im Bildungssystem, inklusive Kindergärten, sei es im Pensionssystem – wo wir beispielsweise sehen, um zurückzukommen zur Vermögensschere zwischen Männern und Frauen, dass gerade bei der zweiten und dritten Säule des Pensionsvermögens Frauen deutlich weniger haben als Männer –, sei es im öffentlichen Transport – wo wir wissen, dass Frauen viel weniger Autos besitzen als Männer und viel häufiger den öffentlichen Nahverkehr nutzen. All diese Dinge sind das Vermögen der unteren Hälfte und ermöglichen ein gutes Leben, auch ohne hohes privates Vermögen ansparen zu müssen.

Zu den Personen

Miriam Rehm ist Professorin für Sozioökonomie an der Universität Duisburg-Essen. In ihrer Forschung beschäftigt sie sich mit Ungleichheit, Wohlstandsverteilung, Arbeitsmarktökonomie und Gender. Sie ist Mitglied im Österreichischen Fiskalrat, Teil des wissenschaftlichen Netzwerks des Karl-Renner-Instituts sowie Mitglied der Jury des Kurt-Rothschild-Preises.

Renate Anderl ist Präsidentin der Arbeiterkammer Wien und der Bundesarbeitskammer. Davor war sie Frauenvorsitzende und stellvertretende Vorsitzende der Gewerkschaft PRO-GE, anschließend Frauenvorsitzende und Vizepräsidentin des Österreichischen Gewerkschaftsbundes sowie Mitglied des österreichischen Bundesrates.

WIE IN MEDIEN ÜBER REICHENSTEUERN BERICHTET WIRD

Warum sollten wir lieber über »Privatjetsteuer« statt über »Vermögenssteuer« reden? Welche österreichische Tageszeitung hetzt besonders scharf gegen Reichensteuern? Und welche Rolle spielen dabei marktradikale Think Tanks? Hendrik Theine (Wissenschafter an der WU Wien) und Jan Krainer (SPÖ-Nationalratsabgeordneter und Budgetsprecher) tauschen sich über mediale Diskurse zu Verteilung und Steuern aus.

27. Mai 2020, Wien (Parlament)

Laut einer Studie des IFES (Institut für empirische Sozialforschung) sind über 70 Prozent der Menschen in Österreich für Reichensteuern. Warum gibt es dann hierzulande keine Erbschafts- und Vermögenssteuern?

Krainer: Weil das Wesentliche in einer Demokratie nicht ist, recht zu haben, sondern die Mehrheit im Parlament zu haben. Und die ÖVP blockiert diese Steuern. So einfach ist die Welt. Aber es ist natürlich wahnsinnig wichtig, dass sich die Meinung in der Bevölkerung geändert hat. Früher waren in den Umfragen zwei Drittel gegen Erbschaftssteuern, in der Zwischenzeit hast du zwei Drittel dafür. Ein Grund dafür ist sicher auch, dass wir als SPÖ ab einem gewissen Punkt gesagt haben, Erbschaften sollen erst ab einer Million besteuert werden. Da wissen viele: »Das bin ich nicht. Das sind nur die, die wirklich g'stopft sind. Das ist okay.«

Theine: Dazu fällt mir immer dieses Plakat aus der Ausstellung »Das Rote Wien« ein. Die rote Hand, die in den Champagnerkübel greift, dahinter das erschrockene Reichenpaar. Die haben damals nicht geredet von »Vermögenssteuer«, »Erbschaftssteuer«, »Reichensteuer«, sondern von: »Champagnersteuer«, »Kutschensteuer«, »Ballettsteuer«. Sie haben es also heruntergebrochen auf diesen Punkt: »Wir wollen, dass Reiche mehr zahlen, weil die zu viel Geld haben.« Und sie haben greifbar gemacht, was sie meinen mit Reichtum und Exzess.

Krainer: In Österreich ist gerade die Champagnersteuer abgeschafft worden.

Theine: Ja, das ist leider die falsche Richtung. Aber in jedem Fall ist es wichtig, zu benennen, worum es eigentlich geht: Was will man besteuern? Nicht das kleine Reihenhaus, sondern eben Schlösser, Privatjets.

Krainer: Wir nennen es jetzt Millionärssteuer. Damit wissen 98 Prozent, dass sie nicht betroffen sind. Viele wollen selber Millionär:in sein, deshalb ist trotzdem ein Drittel der Leute dagegen.

Theine: Der deutsche Soziologe Jens Beckert liefert auch eine überzeugende Analyse, warum Menschen gegen Vermögens- und Erbschaftssteuern sind. Er sagt, Vermögen wird eigentlich familiär gedacht, das funktioniert nicht individuell, sondern wird als familiäre Tradition gesehen. Sein Argument, warum gerade in Deutschland und Österreich die Vermögenssteuern so niedrig sind: weil es hier ein besonders ausgeprägtes vormodernes Verständnis von Familie gibt. Steuern werden dann als unzulässiger Eingriff in die Familie gesehen.

Krainer: Da habe ich einmal den ehemaligen IHS-Chef Christian Keuschnigg so schön aufs Glatteis geführt, bei einer Veranstaltung des Karl-Renner-Instituts. Es ging auch um Erbschaftssteuern und Sozialstaat. Seine Standpunkte waren: Vermögenssteuern gehen gar nicht, aber beim Sozialstaat können wir schon sparen. Ich habe ihn dann gefragt: »Welchen Zweck erfüllt Vermögen? Erstens, meinen Kindern eine gute Bildung geben zu können.« Er nickt, sagt »Stimmt«. Ich weiter: »Zweitens, sich bei Krankheit eine gute Gesundheitsversorgung leisten zu können.« – »Ja, stimmt.« – »Drittens, wenn ich alt bin, dass ich meinen Lebensstandard halten kann.« Er stimmt wieder zu. Ich: »Genau diese Funktionen hat der Sozialstaat. Das ist unser aller Vermögen. Und jetzt erklären Sie mir bitte, warum man beim Vermögen der kleinen Leute sparen darf, aber nicht beim Vermögen der Reichen.« Er hatte keine Antwort, weil es keine Antwort gibt.

Neue oder höhere Steuern als Wahlkampfthema zu haben und auf Plakate zu drucken: Das macht aber heute trotzdem niemand mehr.

Krainer: Ja, das ist ein Problem. Konservative, beginnen in den USA, aber auch in Europa, schaffen durch die Art und Weise, wie sie über Steuern reden, einen Frame, der Steuern extrem negativ darstellt, der ihre Geschichte erzählt und unsere nicht. Und die Linken übernehmen oft viel zu schnell und viel zu unreflektiert genau diesen Frame. Beispiel: »Steuerbelastung senken«. Damit verbindest du die Begriffe »Steuern« und »Last«. Last drückt dich nieder. Anderes Beispiel: »Steueroase«. Oase ist etwas Gutes, das will man nicht trockenlegen. Nein, es sind Steuersümpfe!

Theine: Wir haben in einem Forschungsprojekt die Medienberichterstattung rund um Thomas Pikettys »Das Kapital im 21. Jahrhundert« untersucht. Da wurde deutlich: Selbst wenn du nur die Artikel hernimmst, die für höhere Vermögens- und Erbschaftssteuern argumentieren, finden sich dort trotzdem die neoliberalen Begriffe, »Steuerlast« zum Beispiel. Die Linguistin in unserem Forschungsteam hat klar gezeigt: Obwohl für etwas argumentiert wird, steckt in den Wörtern eine Negierung.

Krainer: Es ist widersinnig. Was ich auch nie verstanden habe, ist der Begriff »Arbeitnehmer«. Es sind doch die Arbeitenden, die ihre Arbeit geben, nicht die Unternehmen. Aber ja, geben ist seliger als nehmen. Solche Begriffe übernehmen wir – und sie dann zu ändern, wenn sie erst einmal etabliert sind, ist gar nicht so einfach.

Theine: Die englische Zeitung »The Guardian« hat das recht gut gemacht, eine Studentin an der WU hat das in ihrer Masterarbeit herausgearbeitet. Der Guardian schreibt nicht mehr vom »Klimawandel«, sondern von der »Klimakrise«. Und was ich auch sehr smart finde: In ihrem Weather Forecast haben sie CO_2-Levels mit drin.

Das hat die ganze Redaktion bewusst entschieden, die haben sich lange Gedanken darüber gemacht und setzen das jetzt um.

Krainer: Woran man auch etwas ändern sollte: Jeden Tag gibt es Börsennachrichten, aber über Arbeitslosigkeit wird einmal im Monat berichtet. Arbeitslosigkeit betrifft mehr, eine Million Menschen im Jahr sind in Österreich von Arbeitslosigkeit direkt betroffen, mit den Familien noch viel mehr. Wer hat schon Aktien, wen interessiert der Nasdaq? In der ZIB 2 haben sie lange immer den Schlusskurs vom Dow Jones gebracht, das haben sie dann abgeschafft, endlich! Für 0,01 Prozent der Österreicher:innen war das eine wertvolle Information, und ganz ehrlich, die hatten diese Information schon vorher. Aber das prägt natürlich, weil das dann wichtig ist: Das, was jeden Tag in den Nachrichten ist, muss wichtig sein.

Hendrik, du hast vorhin bereits euer Forschungsprojekt zur Medienberichterstattung rund um das Buch von Piketty erwähnt. Was habt ihr euch da genau angeschaut?

Theine: Wir haben in der Studie den medialen Diskurs in vier Ländern untersucht: Deutschland, Österreich, UK, Irland. Rund um die Frage von ökonomischer Ungleichheit gab es tatsächlich eine relativ breite Diskussion, wir sehen da durchaus je nach Zeitung ein Halbe-halbe-Verhältnis von pro und kontra Ungleichheit, viele Stimmen, die sagen, Ungleichheit ist ein Problem. Aber sobald sich der Fokus ändert auf die Besteuerung von Vermögen und Erbschaften – also auf Maßnahmen, mit denen man dieser steigenden Ungleichheit entgegenwirken könnte –, kippt es total. Es gibt da einen viel geringeren Anteil an Artikeln, die sich für Vermögens- und Erbschaftsbesteuerung aussprechen. Interessanterweise sind in Österreich im Vergleich zu den anderen drei Ländern in unserer Untersuchung die Stimmen gegen Vermögens- und Erbschaftsbesteuerung ganz besonders dominant. Das hat uns total erstaunt, das hatten wir anders erwartet – auch weil die Zeitungen, die wir dafür ausgewählt hatten, durchaus progressive Stimmen zulassen.

Welche Zeitungen waren das?

Theine: In Österreich hatten wir die *Presse*, den *Standard* und *Profil*. Die Stimmen gegen Reichensteuern waren besonders stark in der *Presse*. Im *Standard* sind vor allem die Kommentare von außen progressiv; die Artikel aus der Redaktion waren eher ausgleichend, Gegenüberstellungen von Pro und Kontra. Aber die *Presse* war eigentlich von allen untersuchten Zeitungen im Projekt das Medium, das am stärksten, knallhart gegen Vermögens- und Erbschaftsbesteuerung geschrieben hat, und das auch mit Begriffen und mit Bildern, wo man sich danach erst einmal kurz zurücklehnen musste. Wo auch die Journalist:innen teilweise Artikel geschrieben haben wie: »Aha, ihr wollt höher besteuern: Wollt ihr die Millionäre abschaffen?«

Krainer: Meine Antwort auf dieses Argument ist immer: »Aha, ich verstehe: Es will jemand die Arbeit abschaffen, weil die besteuern wir am höchsten.« Ich habe mir ganz zu Beginn meiner Zeit als SPÖ-Budgetsprecher grob ausgerechnet, wie da die Verteilung ist: Vom gesamten Volkseinkommen, wie viel kommt aus Steuern auf Arbeit, und wie viel aus Steuern auf Kapital? Das war keine wissenschaftliche Analyse, ich habe das ganz simpel gemacht. Zum Beispiel: Alle Sozialversicherungsbeiträge, wurscht ob Dienstnehmer oder Dienstgeber, sind eine Steuer auf Arbeit, erwirtschaften muss das die Arbeitskraft. Alle Umsatzsteuern zahlt die Endkonsumentin aus ihrem Gehalt, also Steuer auf Konsum. Aktiengewinne: Steuer auf Kapital. Vermietung, Verpachtung: Steuer auf Vermögen. Und das Verhältnis ist sehr klar, auch mit konservativeren Berechnungen: Es sind etwa 80 Prozent Steuern auf Arbeit und Konsum, 15 Prozent auf Kapital und Vermögen. Das ist schon ein grob schiefes Verhältnis …

Theine: … das aber interessanterweise medial nicht diskutiert wird. Eine aktuelle Analyse, die ich gerade fertig habe, betrifft deutsche Zeitungen – diese Analyse werde ich in den kommenden Monaten auch auf Österreich ausweiten. Ich habe die sieben großen deutschen Qualitätsmedien hergenommen, Zeitraum 2000 bis 2018, und ausgewertet, wie oft Begriffe wie »Vermögenssteuer«, »Erbschaftssteuer«, »Millionärssteuer«, »Reichensteuer« vorkommen. Das Ergebnis: Im Prinzip gibt es keinen medialen Diskurs, um es zugespitzt zu sagen. Es gibt ein paar Momente, rund um die Finanzkrise 2009–2010, dann nochmal 2013–2014 mit Pikettys Buch. Aber insgesamt kommt das in weniger als ein Prozent der gesamten Artikel vor. Das liegt deutlich unter der Wahrnehmungsschwelle normaler Zeitungsleser:innen.

Zusammengefasst: Reichensteuern sind medial entweder kein Thema, oder es wird dagegen argumentiert, vor allem in den österreichischen Medien. Worauf führst du das zurück? Auf die Eigentümer:innenstruktur der Zeitungen?

Theine: In so einer Analyse, wie wir sie gemacht haben, wo man sich die Berichterstattung ansieht, kann man nur darüber spekulieren, woran es liegt. Ich würde es auf drei Faktoren zurückführen: erstens auf die Eigentümer:innen. Das ist unterschiedlich ausgeprägt, je nach Medium gibt es unterschiedliche Traditionen, welche Rolle die Eigentümer:innen haben im Vergleich zur Redaktion. Zweitens auf die dominanten Narrative und Diskurse, die rund um das Medium existieren. Die *Presse* zum Beispiel existiert in einem sehr marktliberalen, konservativen Umfeld, hat eine konservative Leser:innenschaft. Die *Presse* wird sonntags aufgemacht vorm großen Frühstückstisch, und da will man nicht lesen, dass der Frühstückstisch besteuert werden soll. Und drittens ist auch der Einfluss der Leser:innenschaft in Zusammenhang mit der Digitalisierung stärker geworden.

Digitalisierung bedeutet hier Online-Nachrichtenportale und Social Media. Wie wirkt sich das aus?

Theine: Du kannst als Medium online minutiös nachverfolgen, wie gut deine Artikel gerade performen – wie viele Leser:innen, wie viele Klicks. In den Kommentaren unter den Artikeln oder auf Twitter kannst du sehen, wie gut es ankommt. Das ist grade für

Themen, die gesellschaftspolitisch schwieriger sind, fast der Tod. Du hast diesen Spiegel vor deiner Nase und den Chef im Nacken, der dann sagt: »Nächstes Mal schreibst du das anders.«

Krainer: Ich habe den Eindruck, dass Lobbygruppen oder Think Tanks wie die Agenda Austria großen Einfluss auf Medien haben – und damit wiederum Politik mitgestalten. Jeder weiß, dass die Agenda Austria ein Propaganda-Institut ist, und trotzdem hat der Franz Schellhorn, der Direktor der Agenda Austria, eine Kolumne im *Profil*. Und wird dann stilisiert zu einem der »hochkarätigen« Berater von Kurz und Blümel, wenn es um Konjunkturmaßnahmen nach Corona geht. Neben ihm Tobias Thomas, der Direktor von Eco Austria, ein Think Tank, der von der Industriellenvereinigung finanziert wird.

Theine: Diese Think Tanks prägen eben die dominanten Narrative und Diskurse im Umfeld der Medien, auf die ich vorhin verwiesen habe. Das zeigt sich auch in der Medienanalyse: Welche Akteur:innen kommen in den Artikeln zu Wort? In der Studie, bei der ich gerade mit dem Deutschland-Teil fertig bin, habe ich vor allem nach Ökonom:innen Ausschau gehalten, die in den Medien vorkommen, und habe zugeordnet, aus welchen Lagern die kommen: Die marktliberalen und konservativen sind einfach viel stärker vertreten als die progressiven, linkeren. Gewerkschaften kommen schon auch durch, gerade Ver.di oder der DGB – aber die schiere Masse an konservativen, marktliberalen Verbänden, Organisationen, Think Tanks, Stiftungen: Die ist einfach größer.

Ändert sich durch Corona und die Auswirkungen der Lockdowns etwas daran, wie Medien über Ungleichheit und Umverteilungsmaßnahmen berichten?

Theine: Ich würde sagen, kurzfristig ja. Es haben viele entdeckt, dass es jenseits der sogenannten »Leistungsträger:innen« auch noch die Systemerhalter:innen gibt. Es gab einen Moment, wo das auch in den Medien ganz stark war. Ich weiß aber nicht, wie nachhaltig das war. Es gibt wunderbare Berichte darüber, wie auch in den Medien sehr kontrovers über die Finanzkrise gestritten worden ist, und zwei Jahre später, in der Eurokrise, war das fast komplett vergessen. Aber ich halte recht wenig von einer einfachen Medienkritik, weil es eben um das Drumherum geht. Es geht um die Ökonom:innen, die Expert:innen, die das einfordern, die das wieder hochholen, woran sich die Medien dann auch orientieren können: »Hier, die Person hat gesagt, schuld an der Krise sind die reichen Finanzhaie und nicht die Verschuldung.« Die Medien können nicht aus dem Nichts berichten. Und da weiß ich nicht, ob Corona wirklich nachhaltig etwas daran ändert. Aber ich hoffe es.

Zu den Personen

Hendrik Theine arbeitet als Ökonom am Institut für Heterodoxe Ökonomie der Wirtschaftsuniversität Wien. 2018 erhielt er den Kurt-Rothschild-Preis für Wirtschaftspublizistik, im Jahr darauf promovierte er mit seiner Analyse der Rolle von Medien in der Diskussion zu Ungleichheit und Umverteilung. Er war außerdem Mitglied des Young Academic Network des Karl-Renner-Instituts und der Foundation for European Progressive Studies.

Jan Krainer ist Abgeordneter zum Nationalrat und SPÖ-Bereichssprecher für Budget und Finanzen. Sein politisches Engagement begann in der Aktion Kritischer Schüler:innen und der Sozialistischen Jugend, er war außerdem in der Wiener Kommunalpolitik tätig. Im Rahmen seiner Schwerpunkte – parlamentarische Kontrollrechte, Anti-Korruption und starker Sozialstaat – ist er regelmäßig eine treibende Kraft hinter parlamentarischen Untersuchungsausschüssen.

WIE KONZERNE STEUERN VERMEIDEN – UND WAS DAGEGEN ZU TUN IST

Wie funktioniert Steuervermeidung? Konstantin Wacker (Ökonom an der Universität Groningen, Niederlande) und Evelyn Regner (Vizepräsidentin des Europäischen Parlaments) besprechen anhand unterschiedlicher Beispiele, wie internationale Konzerne Steuern umgehen und welche Politik das ermöglicht. Und sie diskutieren, welche Maßnahmen getroffen werden müssten, um das zu ändern.

17. November 2020, online

In den letzten Jahren wurde auch für die Öffentlichkeit immer deutlicher sichtbar, in welchem Ausmaß multinationale Unternehmen Steuern vermeiden und hinterziehen. Welche Beispiele verdeutlichen am besten, wo das Problem liegt?

Wacker: Ich finde das Beispiel von Starbucks sehr interessant, weil es deutlich diese Diskrepanz vor Augen führt zwischen einem internationalen Unternehmen und dem einheimischen Player, die beide eine ähnliche Leistung anbieten. Wenn wir Starbucks mit einem österreichischen Kaffeehaus oder einem gewöhnlichen Würstelstand vergleichen, sehen wir, dass diese einheimischen Kleinunternehmen deutlich mehr Steuern zahlen. Es gibt sehr gute Untersuchungen in der Wissenschaft, mit britischen Daten, die sehr klar zeigen: Bei Unternehmen, die sonst gleich sind, zahlen Multis etwa die Hälfte an Unternehmenssteuern wie einheimische Firmen.

Regner: Starbucks ist natürlich ein sehr plakatives Beispiel, weil man sieht, was das Unternehmen an Steuern nicht zahlt, im Vergleich dazu, wie die Einkommen der Starbucks-Angestellten besteuert werden. Mein Zugang dazu ist: Eigentum berechtigt, Eigentum verpflichtet. Das steht ganz vorne im Allgemeinen Bürgerlichen Gesetzbuch. Ich bin Juristin, und seit Anbeginn meiner politischen Tätigkeit damit konfrontiert, dass diejenigen, die Eigentum haben, nur an ihre Rechte denken und nicht an ihre Pflichten. Viele Unternehmen halten es für eine kreative Leistung, wenn sie Systeme entwickeln, wie sie Steuern vermeiden und umgehen können, das geht dann sogar manchmal in Richtung Geldwäsche. Dieses Geld fehlt uns ja, das macht natürlich auch sehr viele arm.

Wacker: Es gibt einen sehr großen rechtlichen Graubereich, den Unternehmen ausnutzen. Dafür kann man sie nicht rechtlich verurteilen; moralisch kann man darüber diskutieren, dass es verwerflich ist. Ich finde daher, dass es am Kern der Sache vorbeigeht, einzelne Unternehmen zu kritisieren. Das Problem ist ja oft, dass Gesetze eingehalten werden, dass diese Gesetze aber sehr lax sind und sehr viel Spielraum ermöglichen.

Regner: Natürlich, jedes Unternehmen schaut einmal, wie kann ich das bestehende Rechtssystem ausreizen, um möglichst große Profite zu erzielen. Aber es gibt schon auch eine Fürsorgepflicht des Arbeitgebers. Ich will daher als Beispiel auch noch Amazon nennen: Amazon bietet ja nicht nur digitale Dienstleistungen an, sondern da sind viele Menschen in Logistikzentren beschäftigt – zu den miesesten Arbeitsbedingungen. Das »System Amazon« betreibt also ein doppelt ausbeuterisches Profitsystem: einerseits diese ganze Steuervermeidungsproblematik, und auf der anderen Seite auch Druck und Ausbeutung gegenüber den eigenen Beschäftigten, wo sie auspressen, was geht.

Wacker: Amazon ist auch aus einem anderen Grund ein gutes Beispiel, weil man damit die Frage verdeutlichen kann: Wo findet eigentlich die Wertschöpfung statt? Beispielsweise gibt es bei Amazon, oder auch bei Google, diese Cloud-Dienste: Wir haben ein Unternehmen, das hat den Sitz in den USA und verkauft an die

Kundin in Deutschland einen Cloud-Dienst, mit einer Technologie, die in einem irischen Unternehmen geparkt ist und über irgendein Rechenzentrum läuft, das in Frankreich steht. Das wäre eine typische Konstruktion. Da ist jetzt die Frage: Wo wird eigentlich der Wert geschaffen, also der Gewinn produziert, und wo muss ich daher mit der Besteuerung ansetzen? Das ist tatsächlich irrsinnig schwierig.

Du sprichst hier schon den zentralen Mechanismus von Steuervermeidung an, nämlich dass eine Firma mehrere Tochterfirmen hat in unterschiedlichen Ländern und durch interne Berechnungen Gewinne so verschiebt, dass diese Gewinne dort versteuert werden, wo die Steuern besonders niedrig sind – statt dort, wo die Dinge tatsächlich erzeugt oder verkauft werden.

Regner: Die große Problematik dabei ist ja, dass die gesamte Steuerthematik eine nationale Angelegenheit ist. Und dadurch, dass das so national geregelt ist, treten die Staaten miteinander in Konkurrenz. Eine komplett absurde Situation, weil Staaten ja keine Unternehmen sind. Das ist unser eigentliches Problem, dass insbesondere kleinere Länder darin ein Geschäftsmodell sehen. Da sagt mir dann eine maltesische Kollegin im EU-Parlament: »Ja, wovon sollen wir denn leben? Wir sind eine kleine Insel. Den Schiffbau gibt's nicht mehr. Also setzen wir auf Casinos und Steuervermeidung.« Dasselbe bei Kolleg:innen aus Zypern, aber das betreiben auch größere Länder wie etwa die Niederlande, auch die finden da lukrative Möglichkeiten. Damit stehen die Staaten miteinander in einem Steuerwettbewerb nach unten, um Gewinnverrechnungen anzuziehen und damit Geld für ihre Budgets hereinzubekommen. Das ist unser Problem. Das ist ein unglückliches Zusammenspiel von Unternehmen, die Grauzonen ausnutzen, und Staaten, die politisch unfähig sind, das anzugehen.

War das immer schon so? Gab es schon immer diese Schlupflöcher, die eben mit einer zunehmenden Globalisierung der Wirtschaft auch zunehmend ausnutzbar waren? Oder wurde das überhaupt erst von Staaten so gemacht?

Wacker: Das hat wahrscheinlich in den 8oer-, 9oer-Jahren massiv zugenommen, aus zwei Gründen. Der eine Grund ist: Obwohl Unternehmen steuerrechtliche Ungleichheiten ausnutzen, bedarf es ja doch einer gewissen Vereinheitlichung der Rechtsgrundlagen. Wenn in jedem Land irgendwelche willkürlichen Regelungen von irgendwelchen lokalen Diktatoren bestehen, dann ist das für ein großes Unternehmen ziemlich aufwändig, sich da einzuarbeiten. Im Zuge der »Washington Consensus«-Politik seit den 1980ern ist es zu einer Vereinheitlichung von Unternehmens- und Investitionsstandards gekommen, die das Ganze aus Unternehmenssicht deutlich interessanter machen. Der andere Grund ist, dass wir seit den 8oer-Jahren eine Explosion der Tätigkeiten multinationaler Unternehmen sehen, vor allem wenn es darum geht, gleiche Tätigkeiten in verschiedenen Ländern auszuführen: der gleiche Starbucks in Tokio, Wien, Paris, London. Das ermöglicht es, ein Patent in einem Niedrigsteuerland wie beispielsweise Irland zu registrieren und dieses Patent dann an die Tochterunternehmen in anderen Ländern in Europa, wo man Niederlassungen hat, zu Scheinpreisen zu verkaufen. Durch diese internen Verrechnungen wird der Gewinn dann in das Land verschoben, wo fast keine Steuern auf den Gewinn zu zahlen sind.

Warum ermöglichen Staaten diese Ausnutzung des Graubereichs?

Wacker: Diese Steuersümpfe sind ja in erster Linie kleine Länder. Das heißt, auch wenn die Steuersätze dort sehr gering sind, also auch wenn ein Unternehmen nur 0,5 Prozent Steuern zahlt in einem Land wie Irland – und teilweise ist es ja effektiv noch weniger –, dann ist das für das irische Budget trotzdem sehr viel, weil diese Unternehmen halt extrem riesig sind. Es gibt daher jedenfalls einen wirtschaftlichen Anreiz für diese kleinen Länder, das so zu gestalten.

Regner: Die Frage, die sich als Nächstes stellt, ist also: Wie kann es sein, dass Multis ihre Steuern – oder besser »Nicht-Steuern« – gerade in diesen winzigen Ländern zahlen? Also auf den Bahamas, in Panama, in Zypern oder jetzt auch verstärkt in Singapur. Wie kann es sein, dass die großen Staaten – also Deutschland und Frankreich in Europa oder auch die USA – nicht in der Lage sind, einen entsprechenden Druck auf Panama und Co auszuüben? Das ist ganz einfach zu beantworten: Weil sie es ja eigentlich nicht wollen. Die großen Unternehmen, die mächtige wirtschaftliche Positionen in all diesen Ländern haben, haben natürlich auch gute Verbindungen zu den Institutionen, Ministerien, Parlamentariern, also zu all jenen, die die Gesetze gestalten und deren Einhaltung kontrollieren.

Wacker: Wir haben ja zu Beginn Beispiele genannt – und es gibt natürlich auch österreichische Firmen, die massiv Steuervermeidung betreiben. Lutz oder auch die OMV. Auch wenn der Staat Österreich unter dem Strich durch Steuervermeidung verliert – die Schätzungen liegen ja im Bereich von ein bis 1,3 Milliarden Euro pro Jahr –, gibt es natürlich auch österreichische Unternehmen, die davon profitieren. Da sind die österreichischen Politiker:innen dann doch nicht so dahinter, eine gemeinsame europäische oder internationale Regelung durchzusetzen.

Was wissen wir über das Thema Lobbying rund um Unternehmenssteuern?

Wacker: Es gibt dazu relativ wenige Untersuchungen, aber es gibt sehr klare Erkenntnisse zur US-Handelspolitik aus den 90er-Jahren, wo man sehr eindeutig gesehen hat, dass Wirtschaftszweige, die deutlich mehr Kampagnenzuwendungen machen – also Spenden an politische Parteien –, auch größere Protektion erfahren in der Handelspolitik. Vor Kurzem habe ich einen unheimlich interessanten Text dazu gelesen, wie Wirtschaftsinteressen subtil in politische Gestaltung einfließen: Da werden Ministeriumsleute eingeladen auf einen Weiterbildungsworkshop, organisiert von irgendeiner Rating Agency gemeinsam mit einer Fachhochschule oder Universität. Dort werden dann Argumente unterrichtet, die wirtschaftswissenschaftlich zwar berechtigt sind, aber eben recht einseitig, auf schönen

PowerPoint-Slides, und man geht dann nach einer schönen Kaffee-pause und Buffet wieder ins Ministerium und »weiß«, warum man Unternehmen nicht besteuern soll.

Regner: Lobbyismus ist tatsächlich überall präsent, und meist nicht in plumpen Formen – auf eine Reise eingeladen werden oder sowas, so lässt sich fast niemand kaufen. Das läuft subtiler. Ich als Gewerkschafterin zum Beispiel, ich werde schon immer nachdenk-lich, wenn Unternehmen daherkommen und sagen: »Gut, dann müssen wir halt so und so viele Leute entlassen und verlegen unseren Standort. Das haben Sie dann davon.« Und natürlich kann ich das auseinanderpflücken und habe viele Argumente parat, aber das ist natürlich eine Ansage, die ich nicht einfach zur Seite wischen kann. Daher ist es auch so wichtig, das auf die europäische, oder, noch viel besser, auf die globale Ebene zu heben. Dadurch nimmt man den Druck auf die nationalen Regierungen und Gewerkschaften heraus. Weil dann kann man vom Berg runter schauen, sieht die systemi-schen Probleme und kann fragen: Was ist denn gut für das Ganze?

Wacker: Ein skeptischer Einwand dazu: Wenn wir alles auf die internationale Ebene verschieben, ist es dann nicht so, dass jene besser lobbyieren können, die das Geld haben? Die beim Weltwirt-schaftsforum in Davos sitzen und in all diesen schicken internatio-nalen Foren? Entziehen wir damit nicht auch Gewerkschaften die Möglichkeit, vor Ort Lobbying zu betreiben? Und entziehen wir das dann nicht auch der demokratischen Kontrolle, die ja doch in erster Linie über Nationalstaaten funktioniert?

Regner: Die Ebene der Regelung und Kontrolle muss die gleiche Ebene sein, auf der sich die Akteure bewegen. Mit dem österreichi-schen Steuerrecht werde ich McDonald's oder IKEA nicht in den Griff bekommen, wenn diese multinationalen Konzerne das Steuerrecht von Panama oder von Delaware oder von der Isle of Man gegen mich ausspielen können. Ich bin davon überzeugt, wir müssen wirklich in einigen Bereichen globale Regeln einführen, oder zumindest europäische, weil sonst kommen wir nicht weiter. Es stimmt schon, als Gewerkschafterin tu ich mir leichter, wenn ich mein Gegenüber kenne. Das ist dann der Kerl von der Wirtschaftskammer, der auch in Wien stationiert ist, und dann kann ich mit dem verhandeln. Aber das sind teilweise schon Scheinkämpfe, weil der Spielraum ja ein entsprechend geringer ist und die Regeln woanders ausgemacht werden.

Im Bereich der internationalen Regelung gibt es ja aktuell Bewegung bei der OECD, einer Organisation, in der sich die reichen Länder koordinieren. Die versuchen gerade, in zwei Bereichen Maßnahmen durchzusetzen: erstens im Bereich der Steuerbemessungsgrundlage, da geht es darum, das Verschieben von Gewinnen in Niedrigsteuerländer zu vermeiden; zweitens soll ein internationaler Mindeststeuersatz von 12,5 Prozent durchgesetzt werden. Was haltet ihr davon?

Wacker: Die OECD schätzt, dass es bei der Einführung dieser Maßnahmen für Österreich Mehreinnahmen von 300 bis 350 Millionen Euro pro Jahr geben wird. Ich wäre da sehr skeptisch.

Wieso?

Wacker: Diese 12,5 Prozent im OECD-Vorschlag, das ist ja auch der offizielle Steuersatz Irlands. Aber der effektive Steuersatz, also das, was Unternehmen tatsächlich zahlen, gerade in Irland, ist ein minimales Prozentpünktchen. Auch die Studie, die ich vorhin erwähnt habe, zeigt: Der Großteil des Geldes, das Staaten durch die Steuervermeidung multinationaler Konzerne verloren geht, resultiert von Unternehmen, die effektiv genau null Gewinnsteuer zahlen. Für die ist vollkommen irrelevant, ob der Steuersatz zwölf Prozent ist, ob er fünf Prozent ist oder 36 Prozent. Die schieben das intern so hin und her, dass für sie kein offizieller Gewinn außerhalb der Steueroasen anfällt, auf denen sie Steuern zahlen müssten. Das heißt, der Mindeststeuersatz ist zahnlos, solange wir nicht gewisse Grundregeln haben, was die Berechnungsgrundlage angeht, also die Frage, wo eine multinationale Firma welche Steuern zahlen muss.

Regner: Dennoch, was die OECD da macht, ist schon eine gute Sache. Wir brauchen ein Gesamtpaket, mehrere Maßnahmen, die ineinandergreifen. In den letzten Jahren ist schon vieles passiert, aber es geht so schrecklich schleppend langsam voran. Erstens einmal braucht es jedenfalls die gemeinsame Körperschaftssteuer-Bemessungsgrundlage. Damit schlägt sich die EU ja schon seit Jahrzehnten herum. Warum? Weil Steuern laut EU-Vertrag Einstimmigkeit erfordern. Und wenn du Einstimmigkeit hast, gibt es halt immer jemanden, der dann doch auf der Bremse steht. Der nächste Schritt – und das ist etwas, was mir immer so wichtig ist, weil das weitaus mehr bedeutet, als Steuern zu bekommen – ist Transparenz. Ganz konkret geht es dabei um die öffentliche Konzernsteuererklärung, um das »public country-by-country reporting«. Damit nicht nur die Finanzminister:innen, sondern auch die Öffentlichkeit – Bürger:innen, Journalist:innen – Einblick bekommt, wo wie viel Gewinn wirklich erwirtschaftet wird, wo die Beschäftigten sind, wie viel an Steuern effektiv gezahlt wird. Als nächsten Schritt brauchen wir dann eine entsprechende Digitalsteuer. Die Vorschläge, die von der OECD da sind, sind meines Erachtens vernünftig, wir müssen nur weiterkommen. Jetzt ist die Rolle der USA wichtig, die haben sich ja bis jetzt ausgeklinkt, dort sind aber die wichtigsten Digital-Unternehmen stationiert.

Wacker: Diese »public country-by-country reporting«-Initiative halte ich auch für extrem wichtig. Einerseits aus demokratiepolitischer Sicht – auch jetzt, wenn es um Corona-Hilfen geht, wollen wir ja wissen: Was sind das für Unternehmen, die hier Steuergelder erhalten? Und als Wissenschafter wäre das für mich natürlich auch extrem wertvoll: Je mehr Daten wir haben, desto bessere Analysen können wir machen.

Zu den Personen

Konstantin Wacker ist Assistenzprofessor für Volkswirtschaft an der Universität Groningen (Niederlande). Er forscht zu multinationalen Unternehmen, makroökonomischen Entwicklungsfragen und Exportqualität. Zuvor arbeitete er u. a. für die Weltbank, den Internationalen Währungsfonds und die Europäische Zentralbank. Für seine Arbeiten erhielt er 2020 den Kurt-Rothschild-Preis für Wirtschaftspublizistik und ein Klaus-Liebscher-Scholarship der Oesterreichischen Nationalbank.

Evelyn Regner ist langjährige Abgeordnete im Europäischen Parlament, seit Anfang 2022 auch dessen Vizepräsidentin; bis dahin leitete sie dort den Ausschuss für Frauenrechte und Gleichstellung. Davor war sie bei der Gewerkschaft als Juristin und später als Leiterin des ÖGB-Büros in Brüssel tätig. Im Zentrum ihrer Arbeit steht die Situation der Arbeitnehmer:innen, Frauenrechte und der Kampf für Steuergerechtigkeit.

III.

KLIMAKRISE

KLIMA-GOVERNANCE: LOKALE STRATEGIEN FÜR GLOBALE HERAUSFORDERUNGEN

Von der Parkplatzplanung in der Gemeinde bis zu einer grundlegenden Transformation unseres Wirtschaftssystems: Christoph Görg (Politikwissenschafter an der Universität für Bodenkultur in Wien) und Rainer Handlfinger (Bürgermeister von Ober-Grafendorf, NÖ) diskutieren österreichische Klimapolitik. Durch viele konkrete Beispiele des lokalen Politikmachens wird deutlich, wie Maßnahmen auf lokaler Ebene umgesetzt werden können und welche Sachzwänge das verhindern.

10. September 2019, Wien (Karl-Renner-Institut)

In Ihrem Forschungsprojekt »Reflexive governance in a changing climate« untersuchen Sie österreichische Klimapolitik.

Görg: Die grundsätzliche Frage dabei ist: Wie kann man Klimapolitik besser in die verschiedenen Politikfelder einbauen? Dazu müssen wir erst einmal verstehen, wie sich die österreichische Klimapolitik entwickelt hat. Bisher stand die Klima- und Umweltpolitik unter dem Stichwort Technik, technologische Maßnahmen, Effizienzsteigerung – und es zeigt sich sehr klar, dass man damit nicht die Ziele erreicht hat, die man sich selbst gesetzt hat. Was wir brauchen, ist ein größerer Umbau der Gesellschaft, eine Transformation der gesellschaftlichen Grundlagen. Unser gesamtes Wirtschaftssystem, die ganzen Produktions- und Konsumweisen, beruhen letztlich auf der immer noch sehr billigen Versorgung durch fossile Brennstoffe. Und es ist ganz schwer, sich daraus zu lösen.

Ein zentraler Begriff in Ihrem Forschungsprojekt ist »Reflexivität«. Was meinen Sie damit?

Görg: Die Annahme aus der Wissenschaft lautet, dass man Klimapolitik intelligenter macht, wenn man sie reflexiv gestaltet. Was heißt reflexiv? Sie müssen klare Ziele haben und diese regelmäßig überprüfen, dann können Sie erkennen, ob Ihre Maßnahmen gegriffen haben oder nicht, und dementsprechend nachbessern, andere Maßnahmen ergreifen. Wir haben dann diese Erwartungen aus der Wissenschaft mit praktischen Erfahrungen aus Politik und Verwaltung konfrontiert. Es war sehr spannend zu sehen, wie aus der Sicht der Praxis die Erwartungen an die Reflexivität der Klimapolitik auseinandergenommen wurden. Da hapert's schwer.

Handlfinger: Aber die Tools haben wir nicht.

Görg: Ja, aber wir haben oft noch nicht einmal die klaren Ziele. Oft werden in der Klimapolitik gar keine präzisen und messbaren Ziele vorgegeben, also dass eine bestimmte Maßnahme eine gewisse Emissionsreduzierung erreichen soll. In bestimmten Bereichen hätte man die Tools, sie werden aber nicht angewendet, weil die Politik wesentliche Ergebnisse der Wissenschaft kaum zur Kenntnis nimmt. Wir waren geschockt, als wir die Entwürfe zum Nationalen Klima- und Energieplan gelesen haben. Da wurde der große Bericht zur österreichischen Klimaforschung von 2014 überhaupt nicht erwähnt. Wenn man einen Report hat, in dem der Stand der österreichischen Klimawissenschaft zusammengefasst ist, dann ist das etwas, was man als Politik ernst nehmen sollte. Wenn das ignoriert wird, dann deswegen, weil man es nicht zur Kenntnis nehmen will.

Rainer, du bist auch Vorsitzender des Klimabündnisses; etwa die Hälfte aller Gemeinden in Österreich sind Teil davon. Ist das ein politischer Faktor?

Handlfinger: Schon, aber dessen sind wir uns als Klimabündnis bisher zu wenig bewusst gewesen. Das Klimabündnis ist eine Grassroots-Organisation. Wir versuchen, die Meinungsbildner:innen in den Gemeinden auf das Thema aufmerksam zu machen. Das heißt nicht, dass alle Klimabündnisgemeinden auch Vorbildgemeinden sind, ganz im Gegenteil. Da hat natürlich der oder die Bürgermeister:in dort auch eigene Sachzwänge und muss dort die Wohnstraßen bauen und so weiter und so fort. Aber es gibt Schulungen für Kommunalpolitiker:innen, wo sie Dinge lernen, die sie sonst nirgends hören.

Görg: Ich glaube, gerade solche Netzwerke wie das Klimabündnis haben eine ganz wichtige Funktion, weil sie wichtige Aufklärungsarbeit leisten und quer zu den bestehenden Interessenkonstellationen arbeiten, also quer zu Gewerkschaften und Industrie. Um eine gerechte Bewältigung des Klimaproblems hinzubekommen, sind die Gewerkschaften ganz wichtig. Deren Argumentation lief aber bisher relativ konventionell über das Arbeitsplatzargument, Umwelt und Klima waren zweitrangig. Aber wie man sieht, sind diese Probleme komplexer. Und gerade solche Bottom-up-Geschichten wie das Klimabündnis als ergänzende Akteure, nicht in Konkurrenz zu den Gewerkschaften, könnten auch eine wichtige Rolle spielen. Sie können den Gewerkschaften dann sagen, was das hier konkret vor Ort bedeuten würde, weil Sie ja eine Anschauung dafür haben, wie eng das Ökologische und das Soziale miteinander verschränkt sind. Das finde ich eine wichtige Akzentsetzung.

Wie sieht kommunale Klimapolitik aus?

Handlfinger: Ein Beispiel: Eine große Handelskette kommt zu mir als kleinem Landbürgermeister und sagt: »Wir wollen unseren Markt größer machen in Ober-Grafendorf. Ihr Vorteil als Bürgermeister: Sie haben mehr Angebot und mehr Arbeitsplätze in der Gemeinde.« Der kleine Landbürgermeister freut sich einen Haxen aus, weil er auch ökologisch denkt: Super, die Leute brauchen nicht mehr nach St. Pölten fahren, um Sachen einzukaufen. Dann rede ich mit einem Zentrumsentwickler, der sagt zu mir: »Wissen Sie, dass diese Konzernkette dann die gleichen Produkte hat wie Ihr Drogeriemarkt im Zentrum, nur mit viel mehr Parkplätzen? Das heißt: Wollen Sie, dass Ihr Drogeriemarkt im Zentrum überleben kann? Dann müssen Sie Nein sagen lernen, Herr Bürgermeister.«

Um keine schädlichen Nebenwirkungen zu erzeugen.

Handlfinger: Ja. Wir wollten in der Gemeindeentwicklung nie bewusst etwas Negatives machen, es ist uns halt passiert. Und zwar sehr viel ist uns passiert: Dass wir die Straßen auf die ganze Breite zu-asphaltieren, die Versiegelung, das Ausdehnen, die Zersiedelung. Was wir an Wohnraum schaffen müssen, damit wir die Bevölkerung halten können, ist Wahnsinn. Und da gibt es ganz einfach Zwänge im Wettbewerb mit anderen Gemeinden, denen wir unterliegen, wo wir wissen, es ist nicht ökologisch, jede Siedlungsstraße ist das Gegenteil von ökologisch. Wir müssen natürlich im Wettbewerb mit den anderen Gemeinden versuchen, Schritt zu halten. Aber wenn du die Konsequenzen des Tuns nicht kennst, dann weißt du auch nicht, was du anrichtest.

Görg: Das ist ein wichtiger Punkt, dass man so versucht, die Auswirkungen auf andere Bereiche einigermaßen zu kontrollieren, soweit man sie vorhersehen kann. Und genau da liegt das Problem. Das meinen wir auch mit der lernfähigen Politik. Sie haben ja im Grunde genommen aus bestimmten Fehlern der Vergangenheit gelernt und versuchen, die Kommunalpolitik in eine andere Richtung zu drängen. Das findet aber auf Bundesebene in dieser Form kaum statt.

Ist die österreichische Klimapolitik lernfähig?

Görg: Wir haben das provokant in der These formuliert, dass die österreichische Klimapolitik schon lernfähig ist, aber in einer ganz fragwürdigen Weise: nämlich dass man versucht, die Kompromisse, die man notwendigerweise eingehen müsste, zu vermeiden. Der Klimaumbau, also eine Transformation hin zu einer emissionsarmen Wirtschaft, müsste sich notwendigerweise mit starken Interessen anlegen. Aber genau da vermeidet die Politik die Konflikte und biedert sich den stärkeren Interessengruppen an. Und das ist etwas, was die Politik dann strukturell handlungsunfähig macht.

Handlfinger: Ein wichtiger Punkt sind dabei auch öffentliche Finanzierungsstrukturen. Wir haben im Norden von Ober-Grafendorf die Autobahn A1, jetzt wird geplant, im Osten von Ober-Grafendorf die Schnellstraße S34 zu bauen mit einem Flächenverbrauch von 100 Hektar, von den Kosten rede ich noch gar nicht. Wir werden als Gemeinden angehalten, doch bitte das Zentrum zu verdichten und weniger Ackerflächen zu vergeuden, und dann wird neben dir mit 100 Hektar ein aus meiner Sicht komplett unnötiges Projekt gestartet, nur damit der Bund mitfinanzieren kann. Weil die Stadt St. Pölten und der Bund und das Land sich die Kosten zu jeweils einem Drittel teilen und der Bund nur mitfinanzieren kann, wenn es eine höherrangige Straße ist. Da wird dann bei der Umweltverträglichkeitsprüfung so lange herumdiskutiert, bis dann doch die Arbeitsplatzdiskussion und die wirtschaftlichen Überlegungen vor der Umwelt stehen. Genauso bei der dritten Piste am Wiener Flughafen: Wir könnten natürlich auch sagen, wir lassen hier nur mehr Flieger landen, die einen geringeren CO_2-Ausstoß haben. Wieso verbindet man das nicht mit der dritten Piste?

Görg: Weil man das als Standortvorteil sieht und glaubt, man braucht den Ausbau des Flughafens, damit Wien im internationalen Wettbewerb mithalten kann. Das wird als Sachzwang gesehen. Es herrscht der Glaube, dass wir vor allem unser Wirtschaftswachstum, absichern müssen. Obwohl wir sehen, dass sich das so kaum erfüllen lässt; wir bräuchten ein viel höheres Wirtschaftswachstum um bestehende soziale Probleme lösen zu können, aber das erreichen wir nicht mehr. Es löst also nicht die Probleme, und manche sozialen Probleme verschärfen sich gerade durch diese Fixierung auf ökonomisches Wachstum. Davon müssen wir wegkommen. Es braucht einen strukturellen Wandel.

Was bedeutet das?

Görg: Es reichen nicht nur einzelne Maßnahmen, einzelne technologische Innovationen, sondern wir brauchen eine Veränderung der gesamten Produktions- und Lebensweise. Um das zu demonstrieren, vielleicht ein Gegenbeispiel: Eine kleine Wende ist etwa der Übergang zur E-Mobilität. Die E-Mobilität greift zwar den einen Punkt auf, nämlich den des Verbrennungsmotors, aber natürlich braucht sie auch weiterhin Strom, und sie braucht eine Vielzahl von Ressourcen. Diese Ressourcen werden in bestimmten Bereichen nicht weniger, sondern mehr. Das krasseste Beispiel sind diese E-Roller: Ich war echt geschockt, als ich lernen musste, dass diese leihbaren E-Roller nur etwa ein halbes Jahr halten, dann sind sie kaputt oder werden ausgetauscht. Das heißt, alle halben Jahre haben wir einen riesigen Aufwand von Ressourcen – ist das eine Verkehrswende? Oder Car-Sharing: Es gibt Studien, die sagen, dass die Leute, die Car-Sharing benutzen, vor allem dieses freie Car-Sharing, wo Sie per Smartphone mieten können: Die lassen keineswegs ihr Auto stehen, sondern die lassen die Öffis stehen. Die fahren die zwei Kilometer zum nächsten Ort mit Car-Sharing und nicht mehr mit dem Bus. Das mag in Wien vielleicht so nicht so wichtig sein, aber auf dem Land löst das gerade nicht unsere Verkehrsprobleme. Wenn ich nur noch einkaufen kann mit einem Auto oder einer ähnlichen Fortbewegungsart, dann habe ich ein Problem.

Handlfinger: Das E-Car-Sharing ist aber aus meiner Sicht ein ganz wesentlicher Punkt auf dem Weg in die richtige Richtung. Es ist nicht die Lösung, aber ich glaube, dass wir zumindest die Bevölkerung daran gewöhnen sollten, dass es eine Alternative zum eigenen Auto gibt. Weil das eigene Auto zu besitzen am Land das Prestigeprojekt schlechthin ist. Bevor man eine gescheite Wohnung hat, hat man irgendeinen BMW oder was Größeres. Wir müssen die Leute daran gewöhnen, dass das Eigentum des Autos nicht unbedingt die Glückserfüllung ist. Und da hoffe ich sehr stark auf die Technologie, weil das ist natürlich genau der Punkt: Schaffen wir mit dem technologischen Fortschritt eine ökologische Wende oder müssen wir mit Verzicht arbeiten? Da sage ich, ich hoffe sehr stark auf den technologischen Fortschritt.

Görg: Ich stimme Ihnen völlig zu, dass das Problem auch das Prestige ist, das man mit einem Auto verbindet, und wo in der Tat Sharing, also eine gemeinsame Nutzung von Objekten, ganz wichtig wäre. Aber genau das wird mit den derzeitigen Car-Sharing-Projekten nicht erreicht. Es wird bislang nur zusätzlich verwendet. Es wird zusätzlich dort verwendet, wo man das eigene Auto nicht verwendet, und es wird kaum dazu führen, dass man damit vom eigenen Auto Abstand nimmt. Es gibt Generationen in der Stadt, die überhaupt nicht einmal daran denken, dass sie ein Auto brauchen, und die auch sehr viel ökologischere Verhaltensweisen übernehmen. Aber an denen orientiert sich die Politik nicht, sondern die orientiert sich an denen, von denen man glaubt, dass sie starke Wählergruppen darstellen, und das sind dann eher noch die, die an das Auto gebunden sind.

Handlfinger: Ich glaube allerdings, dass es nicht die Lösung sein wird, wenn wir uns alle kasteien, bis wir alle unglücklich sind. Ich glaube, da werden wir nicht viel weiterbringen, weil das machen ein paar jetzt schon, aber das wird nicht der Mainstream werden. Dieses ökologische Leben, so wie man es sich vorstellt, du hast die Hühner im Garten oder versuchst, mit dem kleinen Hochbeet zu Hause Paradeiser zu ernten: Das ist zwar ein Trend, aber kein großer Wurf. Anders sieht es aus beim Thema Heizen. Als kleine Gemeinde kaufen wir – nur für die häusliche Wärme – pro Jahr 2,5 Millionen Euro an fossilen Energieträgern zu. Man stelle sich vor, was ich mit 2,5 Millionen Euro an regionaler Wertschöpfung schaffen könnte, wenn wir tatsächlich alle Haushalte auf erneuerbare Energien umstellen würden. Oder Mobilitätsgründe zu überdenken: Wenn ich einen Fußballplatz habe in der Gemeinde, fahren die Leute wahrscheinlicher mit dem Rad zu meinem Fußballplatz, als wenn ich keinen habe, und die Eltern bringen die Kinder mit dem Auto in die Nachbargemeinde.

Du sprichst also strukturelle, politische Maßnahmen an.

Handlfinger: Ja. Wir haben auch unser Verkehrskonzept mit dem Prof. Knoflacher gemacht, und der hat uns gesagt, es gibt eine ganz einfache Lösung, dass das Auto um 20 Prozent weniger genützt wird. Sage ich: »Bitte sehr, wie schaut die Lösung aus?« – »Die Parkplätze von den Wohnungen 300 Meter entfernt zu bauen. Bevor ich dann zum Auto gehe, bin ich schon im Supermarkt.« Sage ich: »Danke vielmals, wie soll ich das politisch umsetzen?« Jetzt haben wir das Glück, dass wir in Ober-Grafendorf so ein Modell haben, das bereits funktioniert: 100 Wohneinheiten, und die Autos sind aus diesem Gebiet einfach verbannt und stehen außerhalb von diesem Wohnkomplex. Die Leute dort haben sich längst daran gewöhnt, dass es ein Gewinn von Lebensqualität ist, dass es in ihren Wohngebieten keine Autos mehr gibt und Kinder einfach rausgehen und spielen können. Zusätzlich gibt es auch so kleine psychologische Tricks, etwa den Parkplatz zentrumsfern zu legen, weil der menschliche Geist in eine Richtung möchte, das heißt, wenn du in die verkehrte Richtung gehen musst, um zum Auto zu kommen, dann tust du das seltener.

Görg: Ja, diese Tricks sind wichtig. Also ich würde das mal so aufgreifen: Die Herausforderung besteht darin, dass wir unseren Gesamtkonsum reduzieren, aber ohne die einzelnen Konsument:innen moralisch mit dem Zeigefinger zu ermahnen, da gebe ich Ihnen völlig recht. Da sind wir alle überfordert, wenn wir unser gesamtes Leben nur noch ökologisieren sollen, das halten wir auch gar nicht lange durch. Darauf kommt es auch nicht an, sondern auf die Gesamtbilanz. Das ist, glaube ich, die große Diskussion heute: Wie schaffen wir es, Vorstellungen eines guten Lebens für alle zu entwickeln, ohne einfach zu hoffen, dass das gute Leben durch das Wirtschaftswachstum automatisch generiert wird? Und dieses gute Leben sollte ohne moralischen Zwang propagiert werden, sondern mit intelligenten Lösungen. Diese Lösungen müssen allerdings aktuelle Vorstellungen davon überwinden, was als notwendiger Konsum angesehen wird, etwa das Auto als Grundlage für Mobilität und Freiheit. Das wird sich nicht so schnell durchsetzen, manche Verhaltensweisen sind sehr tief eingeprägt, das geht nicht von heute auf morgen. Aber im

Laufe der Zeit können sich auch andere Bilder entwickeln, und darin besteht sozusagen die individuelle Seite dieser Transformation.

Zu den Personen

Christoph Görg ist Professor an der Universität für Bodenkultur in Wien und leitet dort das Institut für Soziale Ökologie. In seiner Forschung beschäftigt sich der Politikwissenschafter mit sozial-ökologischen Transformationen und Umweltpolitik.

Rainer Handlfinger ist Bürgermeister von Ober-Grafendorf in Niederösterreich und Vorsitzender des Klimabündnisses. Seine Erfahrung zur lokalen Umsetzung klimapolitischer Maßnahmen brachte er im Klimavolksbegehren als Sprecher der Fokusgruppe »Lokal leben« ein.

NACHHALTIGE NICHT-NACHHALTIGKEIT: WO BLEIBT EFFEKTIVE KLIMAPOLITIK?

Was hält Menschen und politische Parteien davon ab, effektive Klimapolitik einzufordern und umzusetzen? Darüber sprechen Felix Butzlaff (Politikwissenschafter an der Wirtschaftsuniversität Wien) und Julia Herr (SPÖ-Nationalratsabgeordnete und Klimasprecherin). Das Gespräch führt von Verzicht und Selbstbetrug über Individualisierung in politischen Parteien bis hin zu einer ersten Einschätzung der klimapolitischen Vorhaben der damals neu gebildeten schwarz-grünen Regierung.

13. Jänner 2020, Wien (Parlament)

Euer Buch trägt den Titel »Nachhaltige Nicht-Nachhaltigkeit«. Was meint ihr damit?

Butzlaff: In der Umweltsoziologie gab es in den letzten Jahren immer wieder Veröffentlichungen, die sehr stark diese Erzählung vertreten haben, dass wir kurz vor dem Durchbruch der nachhaltigen, grünen Gesellschaften stehen. In unseren Untersuchungen hinterfragen wir, ob das überhaupt stimmt. Denn das ist zu einem großen Teil eben mindestens auch eine Hoffnungserzählung, die von der sozialen Wirklichkeit nicht getragen wird. Wir – also in dem Fall konkret mein Institut an der WU – sehen unsere Aufgabe als Sozialwissenschafter:innen darin, besonders schonungslos zu evaluieren, an welchen Stellen ein Wandel zur Nachhaltigkeit eigentlich zutrifft und an welchen Stellen das auch eine Art Selbstbetrug ist, den Gesellschaften hier begehen. In unserer Gesellschaft gibt es so viel Wissen und so viel Bewusstsein in Sachen Klima, Ökologie, Nachhaltigkeit wie eigentlich noch nie zuvor in unserer Geschichte – und gleichzeitig finden wir besonders viele Formen, uns fest an Verhaltensweisen oder Strukturen zu klammern, von denen wir wissen, dass sie sozial und ökologisch destruktiv sind.

Herr: Ich führe das auch auf das kapitalistische Wirtschaftssystem zurück, in dem wir leben, wo Profitmaximierung das dominierende Ziel ist und Fragen von Nachhaltigkeit und Umweltschutz nebensächlich sind. Diese Umwelt-Themen wurden schon aufgegriffen, aber eben integriert in eine Marketing-Strategie: Dass du glaubst, wenn du Bioprodukte kaufst, veränderst du damit nachhaltig etwas. Oder auch durch Kampagnen, wie die »Conscious«-Kampagne von H&M: Das ist ja ein riesengroßer Schmäh, der uns da erzählt wird. Menschen glauben, dass sie etwas für die Umwelt tun, indem sie bestimmte Produkte kaufen, fallen aber in Wirklichkeit auf eine Marketing-Strategie herein. Was wir uns eigentlich anschauen sollten, ist: Wo entsteht denn die Umwelt-Ungerechtigkeit? Die liegt in der Art und Weise, wie wir Güter produzieren, wie wir mit ihnen handeln und wie wir sie dann auch immer wieder wegwerfen, ohne sie überhaupt zu reparieren.

Warum wird diese Frage dann von politischen Parteien nicht in dieser Form aufgegriffen?

Herr: Für die Sozialdemokratie kann ich sagen, dass wir es noch nicht geschafft haben, Arbeitsmarktpolitik und Umweltpolitik unter einen Hut zu bringen. Die Auseinandersetzungen rund um den Hambacher Forst in Deutschland waren eines der besten Beispiele dafür: Ein Wald sollte für die Kohleproduktion gerodet werden, es gab große Proteste – aber die Gewerkschaft hat sich auf die Seite des Kohleunternehmens gestellt, um Arbeitsplätze zu schützen. Solange die Debatte so geführt wird, also Arbeitsplatz versus Umweltschutz, haben wir sie schon verloren. Wir müssen es schaffen, ein Konzept auf den Tisch zu legen, wo wir nachhaltig unsere Wirtschaft umstellen und gleichzeitig die Umwelt retten. Das gilt gerade für sozialdemokratische Parteien. Die Klimakrise ist die soziale Frage unserer Zeit.

Wir wissen, es trifft genau die Gruppen, die wir vertreten wollen, am härtesten. Deswegen ist Klimaschutz Sozialpolitik. Und deswegen wäre es so wichtig, das auch gemeinsam zu denken.

Butzlaff: Es ist tatsächlich eine ganz entscheidende Verteilungsfrage, welchen Klima-Risiken man ausgesetzt ist. Und zwar nicht nur international, da ist es besonders greifbar, sondern auch innerhalb unserer westlichen Gesellschaften. Aber obwohl die Klimakrise eine soziale Frage ist, sind sozialdemokratische Parteien in Europa in einer schwierigen Position, auch weil sie die politische Konkurrenz von rechts haben. Das Versprechen von rechts ist nämlich: »Wir helfen euch« – »euch« ist in diesem Sinne das eigene Volk –, »Wir helfen euch, Wachstums-, Wohlstands- und Aufstiegserfahrungen zu machen, ohne dass ihr euch einschränken müsst. Indem wir nämlich die, die nicht dazugehören, ausschließen.« Und es ist wahnsinnig schwierig, von links oder von sozialdemokratischer Seite zu begründen, warum man jetzt auf diese Aufstiegserfahrung verzichten soll. Denn das ist natürlich immer der Vorwurf, der sofort kommt. Und gerade für die Sozialdemokratie ist es hoch sensibel, den Eindruck zu erwecken, man gebe auf, für Menschen, die bis dato nicht zu den Privilegierten gehören, ein auch im materiellen Sinne besser abgesichertes und freieres Leben zu erstreiten.

Herr: Wir dürfen das Thema nicht am Verzicht aufhängen, sondern müssen stattdessen erklären, was man gewinnen kann mit unserer Vision. Wir haben einen Green New Deal geschrieben, dort betonen wir, was man an Lebensqualität, an Lebenserwartung gewinnt. Wir können länger, besser, gesünder leben in einer Welt, wo wir andere Landwirtschaft betreiben, wo wir besseres, gesünderes Essen haben. Wir können in einer Welt leben, in der wir Arbeit neu verteilen, wodurch alle einen Arbeitsplatz haben, aber alle auch genug Freizeit haben. Es kann eine Zeitersparnis und Erholung sein, wenn du auf öffentlichen Verkehr umsteigst, statt im Stau zu stehen. So eine positive Zukunftserzählung, eine Verbesserung der

Lebensverhältnisse, ist das stärkste Motiv, das man als politische Partei voranstellen kann. Wenn wir glaubhaft vermitteln, dass wir ein Konzept dazu haben, dann funktioniert das auch. Diese Verzichtsdebatte: Ich verstehe sie, und ich verstehe auch die Angst. Aber wir müssen aufzeigen, was wir gewinnen.

Butzlaff: Trotzdem ist das für ganz viele Menschen vor allem eine Diskussion darüber, wie sie ihr Leben ändern müssen. Das hat auch damit zu tun, dass das Klimathema vor allem von privilegierten gesellschaftlichen Gruppen zum Thema gemacht wird und da sehr oft auch eine Abgrenzung gegenüber sozial Schwächeren drinnensteckt. Das ist dann nicht nur eine Verzichtsdebatte, sondern auch eine bevormundende Verhaltensdebatte. Und die ist schwierig für Menschen, die das Gefühl haben, sie haben in einer Gesellschaft nicht den Platz, der ihnen eigentlich gebührt. Aus dieser Perspektive ist die Erzählung »Du musst dein Leben ändern« etwas, was kein positives Aufbruchsmoment erzeugt: »Verkauf dein Auto!«, »Ändere deine Ernährung!«, »Ändere deine Urlaubsgewohnheiten!« Ein politisches Postulat mit dieser Stoßrichtung ist für ganz viele Menschen kein Gewinn an Lebensqualität, sondern eine Einschränkung. Weil es eben der Verzicht auf ein Versprechen ist, an das man irgendwie doch noch so ein bisschen glaubt.

Herr: Die Gefahr der Bevormundung – »Wir erzählen euch, wie ihr leben sollt« – sehe ich auch. Das schwingt so schnell implizit mit. Aber dass so viele Leute fliegen und mit dem Auto fahren, liegt ja nicht daran, dass sie die Umwelt zerstören wollen, sondern daran, dass das einfach meistens die billigste, die schnellste und die praktischste Option ist. Es gibt natürlich einen ganz klaren Unterschied zwischen Stadt und Land, es gibt einen Unterschied nach Bildungsniveau und so weiter. Aber einfach zu sagen: »Die ungebildeten Hackler vom Land sind zu dumm, die fahren alle weiterhin mit dem Auto, weil sie es so leiwand finden« – da geht man ja einer grundfalschen Vorstellung auf den Leim. Da sieht man, wie der Hass auf die Unterschicht auch in der Umweltpolitik immer wieder durchkommt. In den ländlichen Regionen, wo auch ich herkomme, hast du oft ganz einfach keine Alternative. Die Frage ist also, was man überhaupt an Angebot schafft – und das ist eine strukturelle, eine politische Frage, keine individuelle.

Es geht also nicht um eine Änderung des Verhaltens, sondern der Verhältnisse.

Herr: Genau. Denn damit kann man auch die Debatte ganz anders führen: Warum werden Fluglinien ständig steuerlich begünstigt? Wer verhindert eigentlich seit Jahren den Ausbau des öffentlichen Verkehrs? An wen fließen die Landwirtschaftssubventionen? Die Verantwortung auf die individuelle Ebene abzuschieben, in diese Falle dürfen wir nicht tappen.

Dennoch: Ist es glaubwürdig, hier eine Geschichte zu erzählen, bei der sich niemand einschränken muss? Irgendwer muss ja weniger CO2 ausstoßen, damit der Klimawandel eingedämmt wird.

Herr: Klar. Ich glaube, es gibt schon ein Bewusstsein dafür, dass derzeit eine Gruppe von Menschen Privilegien genießt, die die breite Mehrheit nicht hat – egal wie man das jetzt nennen will: die oberen Zehntausend, die Elite, die herrschende Klasse. Bestes Beispiel: Bei den Waldbränden in Kalifornien sind die Siedlungen der Bewohner:innen abgebrannt, daneben waren die unversehrten Villen der Celebrities, weil die sich eine eigene, private Feuerwehr organisiert haben. Das geht ja nicht spurlos an einem vorbei. Es ist ganz klar, dass es hier eine ungerechte Verteilung gibt, auch in Umweltfragen. Das ist erkennbar und sichtbar, und ich glaub' es wird auch Zeit, dass man darauf hinweist, wer die Klimakrise tatsächlich verursacht hat. Dass da manche einfach mit dem Privatjet herumfliegen können. Dass es zehn Unternehmen gibt, die für einen massiven Teil der CO2-Emissionen verantwortlich sind. Das ist ja wirklich verrückt.

Butzlaff: Ich habe vorher die besondere Schwierigkeit angesprochen, in der sich die Sozialdemokratie in Bezug auf Klimapolitik befindet. Aber es gibt auch Aspekte einer sozial-ökologischen Transformation, die sehr gut in ein sozialdemokratisches Weltbild passen: Der Staat und generell Institutionen als Regelungsinstanzen sind hier immer zentral gewesen. Und angesichts dieser Schieflagen, die du beschreibst, ist so einleuchtend plausibel, dass die Bewältigung der Klimakrise nur über staatliche Steuerung möglich ist und nicht über private Konsumentscheidungen.

Herr: Insofern öffnet die Klimadebatte ein Gelegenheitsfenster, wieder über einen starken Staat, über starke Umverteilungsmaßnahmen zu reden. Und auch über die Frage, in welchem Wirtschaftssystem wir eigentlich leben wollen. Mit jungen Menschen kann man das sehr gut diskutieren, die verstehen auch, dass das alles viel weitreichender ist als nur »Ich verwende weniger Plastik«. Das ist mir bei den Diskussionen rund um das Mercosur-Handelsabkommen aufgefallen, wo für so viele Leute so klar war: Wieso importieren wir Rindfleisch aus Brasilien, wo beim Transport über den Ozean unglaublich viel CO_2 anfällt, wenn wir das auch in Europa herstellen könnten?! Jeder mit Menschenverstand sieht, dass das absurd ist.

Wie kann die Sozialdemokratie dieses Gelegenheitsfenster nutzen?

Herr: Ich glaube, dass sich die Sozialdemokratie in dieser Frage – und auch weit darüber hinaus – programmatisch erneuern muss. Das bedeutet natürlich auch eine bewusste Abkehr von der Marktgläubigkeit, der die Sozialdemokratie in den 90ern verfallen ist. Den Anspruch aus den 70er-Jahren unter Bruno Kreisky – Gesellschaft demokratisieren und Wirtschaft demokratisieren – hat man da fallen gelassen. Diesen Anspruch müssen wir neu aufgreifen, und zwar so, dass es nicht zur Ausbeutung von Mensch und Umwelt führt.

Felix, in eurem Buch argumentierst du, dass große parlamentarische Parteien zu einer tiefen programmatischen Erneuerung eigentlich nicht wirklich in der Lage sind.

Butzlaff: Ja, oder dass sie zumindest den Anspruch darauf ein Stück weit auch aufgegeben haben. Neoliberale Elemente wurden ja nicht nur in die sozialdemokratische Programmatik aufgenommen, sondern man hat auch in die Art, wie man sich als Partei versteht, neoliberale Denkansätze eingebaut. Da wird parteipolitische Organisation nicht mehr als etwas gesehen, das auf sozialen Kollektiven aufbaut, sondern sie wird sehr stark individualisiert. Die Sozialdemokratie hatte einmal einen ganz starken pädagogischen Anspruch; die Idee war: »Du bildest dich, du veränderst dich, indem du bei uns mitmachst.« Und diesen pädagogischen Anspruch, den traut man sich heute gar nicht mehr zu, weil man denkt, Demokratie sei das Abbilden von Präferenzen. Dem individuellen Mitglied macht man das Versprechen: »Du wirst gehört mit deinen Anliegen.«

Herr: Wobei ja der Grund für die Forderung nach Direktwahl und Mitgliedervotum darin liegt, dass die Parteibasis den Wunsch hat, mitbestimmen zu können.

Butzlaff: Natürlich. Aber die Form, in der das momentan geschieht, ist, dass man die Mitglieder in ihrem Wirken organisatorisch vereinzelt. Das erschwert die kollektive Verhandlung von gesellschaftlichen Themen. Und man traut sich nicht mehr zu sagen: »Wir wirken auch auf euch ein, und gemeinsam verhandeln wir, was wir gesellschaftlich wollen.« Stattdessen glaubt man gerade in sozialdemokratischen Parteien, man wird dann attraktiv, wenn man sagt: »Kommt zu uns, speist eure Anliegen ein, und wir sind dann eure Fürsprecher:innen.« Und damit – mit der Vernachlässigung interner Kollektive und des pädagogischen Anspruchs – verlieren diese Parteien auch ihre Rolle in der gesellschaftlichen Utopiefindung.

Herr: Dem stimme ich zu, und ich will noch ergänzen: Ein wesentlicher Teil des pädagogischen Anspruchs ist auch die tatsächliche Überzeugungsarbeit in Form von Kampagnen. Wenn du Themen politisch umsetzen willst, ist es hilfreich, wenn du die Bevölkerung auf deiner Seite hast. Die musst du ja erst einmal überzeugen. Wie wichtig das ist, haben wir gesehen bei der Politik im Bereich Migration und Asyl: Da war die FPÖ noch lange nicht in der Regierung, aber ihre Forderungen sind umgesetzt worden, weil das in der Öffentlichkeit die bestimmenden Themen waren. Dieser Kampf um die Hegemonie muss geführt werden. Dafür braucht es sowohl interne Bildungsarbeit als auch Kampagnenarbeit. Dass man wirklich auf ein, zwei Themen fokussiert, die über Jahre hinweg trommelt und so versucht, Stück für Stück die Herzen und die Hirne der Menschen zu gewinnen.

Abschließend noch eine aktuelle Frage: Vor einer knappen Woche haben ÖVP und Grüne ihr erstes gemeinsames Regierungsprogramm für die österreichische Bundesregierung vorgestellt. Haben sich die Forderungen der Klimabewegung darin eurer Ansicht nach ausreichend niedergeschlagen?

Herr: Allein das Ziel, als Österreich bis 2040 CO_2-neutral zu sein, ist komplett neu. Das Klimaticket haben wir selbst im Wahlkampf gefordert, bei der Sanierung von Gebäuden soll es ebenfalls Maßnahmen geben, die Aufstockung des Green Climate Fonds: Es sind viele Maßnahmen festgehalten, die wirklich gut sind. Das ist aber noch keine Transformation; es ist das Mindeste, was wir seit Jahren tun müssten. Wir sind ja im Verzug. Und ob all das tatsächlich umgesetzt wird und ob es dann Budget dafür gibt, ist natürlich überhaupt nicht geklärt. Es gibt so mächtige Player und Interessengruppen im Umweltbereich, die es immer wieder schaffen, wichtige Entscheidungen zu verhindern und hinauszuzögern.

Butzlaff: Ein Vorteil ist, dass man mit dem formulierten Ziel, bis 2040 CO_2-neutral zu sein, eine vergleichsweise konkrete Messlatte hat. Daran kann man Regierungspolitik messen. Diese Selbstverpflichtung ist auch ein Hebel für politische Organisationen, das einzufordern.

Herr: Es wird weiterhin massiven Druck brauchen, von Bewegungen wie Fridays for Future und auch von den Oppositionsparteien. Es wäre nie so viel weitergegangen, auch jetzt beim Regierungsprogramm, wenn es nicht die Proteste gegeben hätte, die Jugendlichen, die einfach auf die Straße gegangen sind, gesagt haben, ihnen reicht's. Das muss weitergehen, weil sonst wird nichts passieren.

Zu den Personen

Felix Butzlaff ist Assistant Professor am Institut für Gesellschaftswandel und Nachhaltigkeit der Wirtschaftsuniversität Wien sowie Teil des wissenschaftlichen Netzwerks des Karl-Renner-Instituts. Seine Forschungsschwerpunkte liegen in Demokratieforschung, der aktuellen und historischen Entwicklung von Parteien und Parteiensystemen.

Julia Herr ist Abgeordnete der SPÖ zum Nationalrat und Bereichssprecherin für Klima und Umwelt. Sie war frauenpolitische Beauftragte der Sozialistischen Jugend Österreich und danach, als erste Frau und jüngste Person, Vorsitzende der Sozialistischen Jugend Österreich. Außerdem war sie Vorsitzende der Bundesjugendvertretung.

UMBAU DER AUTOINDUSTRIE: ARBEITSPLÄTZE VS. UMWELT?

Aus der Automobilindustrie kommt ein großer Teil der Treibhausgase in Österreich, gleichzeitig sorgt sie aber für viele Arbeitsplätze. Müssen diese Arbeitsplätze geopfert werden, um wirksame Klimapolitik zu betreiben? Wie sollen sich hier Gewerkschaften positionieren? Über mögliche Auswege aus diesem Dilemma, über Wachstumsfragen und gewerkschaftlichen Kampfgeist sprechen Ulrich Brand (Politikwissenschafter an der Universität Wien) und Rainer Wimmer (Vorsitzender der Gewerkschaft PRO-GE).

3. Dezember 2020, online

Uli, im Forschungsprojekt »ConLabour« habt ihr die Rolle von Gewerkschaften und Beschäftigten im Umbau der österreichischen Automobilindustrie untersucht. Ausgangspunkt war ein Dilemma, kannst du das kurz umreißen?

Brand: Es gibt seit 15 Jahren eine industriesoziologische und umweltpolitische Diskussion unter dem Label »jobs versus environment dilemma«, also Arbeitsplätze versus Umwelt. Wir haben bei der Automobilindustrie einerseits eine ökologische Problematik: Ein Drittel der CO_2-Emissionen in Österreich kommt aus dem Transportsektor, sehr stark aus dem Automobilsektor und dem LKW-Sektor; gleichzeitig gibt es das Ziel der Klimaneutralität bis 2040 und das Paris-Abkommen. Das ist die ökologische Seite. Und andererseits haben wir die arbeitsmarktpolitische und damit soziale Seite, dass nämlich hier in Österreich fast 80.000 Menschen in der Auto-Zulieferindustrie arbeiten, ungefähr zehn Prozent der Arbeitsplätze, acht Prozent der industriellen Wertschöpfung. Der Automobilsektor bringt also eine massive Umweltbelastung, aber auch Arbeitsplätze und Wertschöpfung.

Wimmer: Wir haben bei uns in der Gewerkschaft PRO-GE eine eigene Arbeitsgruppe, wo wir uns intensiv mit dieser Frage beschäftigen. Da habe ich natürlich genau die Leute drin sitzen, die das betrifft: die Betriebsräte aus der Autoindustrie und auch aus der Schwerindustrie, im Wesentlichen ist das die VOEST, und einige aus Chemie- und Papierfabriken. Wenn man das Thema dort bespricht, merkt man ein bisschen eine Zurückhaltung. Es ist nämlich schon allen klar, dass es da eine große Veränderung braucht. Unklar ist aber, wo das hinführt und welche Konsequenzen das für die Arbeitsplätze mit sich bringt, vor allem in der Auto- und Zuliefererindustrie. Alles auf Elektromotor umzustellen, wird als problematisch empfunden, weil um den notwendigen Strom zu erzeugen, brauchen wir ich weiß nicht wie viele Kraftwerke, diese Infrastruktur haben wir nicht. Das heißt, die Menschen sind total verunsichert. Und am Ende der Diskussion steht für die Beschäftigten immer die Frage: Habe ich ein ordentliches Einkommen, von dem ich leben kann, und ist das in fünf oder zehn Jahren auch noch so?

Brand: Ich finde den Aspekt von Angst ganz wichtig. Das ist die große Transformationsblockade auf der subjektiven Ebene, weil Angst lähmt. Die einzelnen Menschen brauchen Planungssicherheit, und die Firmen ja auch.

Wie soll man mit dieser Verunsicherung umgehen?

Brand: Ein wichtiges Thema ist genau der Umstieg vom Verbrenner zur E-Mobilität. Ein einfacher Umstieg auf E-Autos bringt neue Probleme mit sich: Wo kommt der Strom her, wo kommt das Lithium für die Batterie her? Und es lässt manche Probleme auch ganz ungelöst: Wo kommen die Metalle für die Karosserie her, wie sieht es aus mit dem Platz in den Städten? Die eigentliche Frage ist daher: Was wäre ein sinnvoller Umstieg? Herr Wimmer, das wissen

Sie besser: In Österreich liegen ungefähr 50 Prozent der Arbeitsplätze in der Produktion von Öffis und 50 Prozent in der von Autos und LKWs. Das könnte man verschieben, indem die Politik sagt: Wir fördern Konversionsprozesse und verlangen von potenziellen Investoren wirtschaftlich, sozial und ökologisch wirklich tragfähige, durchgreifende Zukunftskonzepte. Das würde eine umfassende betriebliche Konversion bedeuten. Dann würden in diesen Werken vielleicht Züge, Straßenbahnen oder Busse hergestellt, gegebenenfalls auch mittlere E-LKWs. Das wäre eine große Initiative, ein Leuchtturmprojekt! Wenn so eine Entscheidung getroffen würde, das wäre in ganz Europa ein Kracher!

Wimmer: Solche Ideen finde ich sensationell, das wäre schon ein ganz tolles Signal, das man da setzen könnte. Nur: Dafür muss die Politik die Rahmenbedingungen schaffen, und hier wird's schwierig. Nehmen wir die aktuelle Situation des MAN-Werks in Steyr (Anm.: Zum Zeitpunkt des Gesprächs stand das Werk vor der Schließung, begleitet von Protesten der Gewerkschaft): Wenn wir da Versammlungen haben, wenn wir demonstrieren oder wenn wir Gespräche führen: Die regionalen Politiker sind immer da. Aber die haben den Hebel für die großen Weichenstellungen nicht in der Hand. Dafür bräuchte es eine Grundsatzentscheidung und die entsprechenden Mittel vom Bund. Die, die wirklich den Hebel haben, die Bundespolitik, von denen hört man nichts.

Brand: Zur Umweltpolitik der Bundesregierung muss man ja sagen: Es ist nicht die Regierung, sondern es sind die Grünen in der Regierung, die es ernst meinen mit Klimapolitik und Umweltpolitik. Ich glaube, Umweltministerin Gewessler hat das Problem einigermaßen erkannt, vor allem im Verkehrsbereich. Aber sie bleibt in einem Korridor, wir nennen das in der Wissenschaft »ökologische Modernisierung«. Also sie sagt: »Wir wollen die Öffis ausbauen.« Aber das müsste ja einhergehen mit einem koordinierten Rückbau der fossilen Verbrenner. Und das sagt sie nicht. Die Industriepolitik der Bundesregierung bleibt sehr stark auch Innovationspolitik, die wettbewerbsgetrieben ist, die wachstumsgetrieben ist, und die viel zu wenig diesen kontrollierten Rückbau im Blick hat.

Was könnte hier die Rolle der Gewerkschaften sein?

Wimmer: Was klar ist: Ohne die betroffenen Menschen ist das Problem nicht lösbar. Wir brauchen hier einen offenen Diskurs – da gehören die Unternehmen an den Tisch, die Gewerkschaften, die Politik. Wir brauchen Visionen für die Beschäftigten: Die brauchen ein Szenario, um nicht um ihre Existenz fürchten zu müssen.

Brand: Ja, das muss jedenfalls gemeinsam mit den Beschäftigten passieren und auch gemeinsam mit dem lokalen Management. Und nachdem die Politik hier ja gerade kräftig Geld in die Hand nehmen will, Stichwort Klimabudget, Ausbau der ÖBB: Da braucht es auch Initiativen vonseiten der Unternehmen. Gemeinsam mit Siemens könnte man beispielsweise sagen: »Wir leiten ganz schnell einen Prozess ein, dass die 2.200 Menschen vom MAN-Werk in Steyr eine Arbeitsplatzgarantie bekommen und dass Steyr zum neuen Leitwerk von Zugbau wird.« Oder ein anderer Vorschlag: Warum nicht die Austrian Airlines in die ÖBB auflösen? Die Austrian Airlines sagen angesichts der Coronakrise: »Wir müssen ein paar Tausend Leute entlassen.« Die ÖBB haben vor Corona gesagt: »Wir brauchen mittelfristig 10.000 neue Leute.« Da bietet sich ja eine offensichtliche Lösung an. Das braucht es: Mut – und dabei die Leute nicht alleine lassen, den Leuten Sicherheit geben.

Wimmer: Es ist ganz wichtig, dass wir uns vor der Zukunft nicht fürchten. Solche Veränderungen bergen ja auch irrsinnige Chancen. Wir bleiben nicht stehen, wir entwickeln uns weiter. Und wenn du mit den betroffenen Menschen sprichst, mit denen, die in der Produktion tätig sind, und auch mit den Betriebsrätinnen und den Betriebsräten: Die haben das Selbstbewusstsein zu sagen: »Wir werden es immer schaffen. Wir sind gut ausgebildet, wir sind tolle Fachkräfte, wir schaffen das.«

Brand: Das haben wir auch in der Studie gesehen. Die Beschäftigten wissen schon um ihre Qualifikation. Ein Zitat eines Betriebsratsvorsitzenden in einem Automobilunternehmen: »Unsere Leute machen aus Kacke Butter!« Er meint also: »Unsere Leute können richtig was und sind bereit, auch anders zu produzieren.« Und so ein Selbstbewusstsein ist ja eine gute Grundlage dafür, etwas konfliktiver zu sein.

Was meinst du damit?

Brand: »Wir müssen uns zusammenreden« – bei bestimmten Punkten ist das ganz wichtig, aber der sozial-ökologische Umbau ist auch eine Frage der Verfügung über Eigentum: Wer verfügt über Investitionen? Wer verfügt über Forschung und Entwicklung? Wer bestimmt, dass die Produktion in andere Länder verlagert wird? Es gibt unglaublich viel Vermögen, es gibt unglaublich viel geballte ökonomische Macht in dieser Gesellschaft. Daher sollte die öffentliche Hand gerade jetzt nicht nur Krisenrettung betreiben, sondern auch Anteile bekommen. Dann kann die Öffentlichkeit auch mitbestimmen bei diesen Investitionen und Entscheidungen, und zwar mit sozialen und ökologischen Kriterien. Hier muss man die Machtfrage stellen.

Wimmer: Zum Thema Konfliktfreudigkeit müssen wir auch ehrlicher zu uns selber sein. Als Metaller, und jetzt als PRO-GE, sind wir schon immer jene gewesen, die da ein bisschen fester draufgedrückt haben, und das merkt man auch bei unseren Kollektivvertragsverhandlungen. Aber insgesamt, in Zeiten der großen Sozialpartnerschaft, damals in großkoalitionärer Einigkeit, haben wir als Gewerkschaft sehr viel an Kampfeslust und Kampfesfreude verloren. Wenn man jetzt wieder Gegenmachtsfähigkeit haben will, kann man nicht einfach mit dem Finger schnippen, sondern das ist sehr, sehr, sehr viel Arbeit. Und das geht nicht von heute auf morgen. Schön langsam gewinnen wir hier aber wieder an Boden. Wir machen Schulungen, wir machen eigene Kurse dafür.

Brand: In der Gewerkschaftsforschung werden vier Machtressourcen von Gewerkschaften unterschieden: die institutionelle Macht, die ist in Österreich in Form der Sozialpartnerschaft immer noch sehr stark. Dann gibt es die Organisationsmacht, also wie viele Mitglieder hat die Gewerkschaft, wie kann sie mobilisieren: Sind die Leute bereit zu streiken? Drittens, die gesellschaftliche Macht – die können Gewerkschaften erweitern, wenn sie in starken Bündnissen agieren. Dazu kommt, oft unterschätzt, die strukturelle Macht der Beschäftigten, nämlich in welcher Branche, auf welchem Arbeitsplatz arbeiten Menschen? Gut qualifizierte Menschen, die gefragt sind, können ja durchaus Forderungen stellen.

Wimmer: Hier ist mir schon wichtig zu betonen: Mir ist keine Betriebsversammlung bekannt, wo ein Streikbeschluss von den Kolleginnen und Kollegen abgelehnt wurde. Nur: Der Betriebsrat muss ja erst mal den Antrag auf einen Streikbeschluss stellen. Wir haben oftmals auch miterlebt, dass das bei unseren Funktionären schwieriger umzusetzen ist als bei den Arbeitern. Ich erinnere mich an eine gewerkschaftliche Auseinandersetzung in einer Gießerei, wo auch sehr viele Frauen beschäftigt sind. Da wird dir dann schon ein bisschen anders, wenn die da stehen, rußig im Gesicht, die Frauen und die Männer, und dann sagst du: »Wir müssen ab morgen wahrscheinlich streiken, weil die Geschäftsführung bewegt sich überhaupt nicht.« Dann steht eine auf und sagt: »Das machen wir!« Und dann stehen alle auf und sagen: »Jawohl, wir machen diesen Beschluss.« Das ist anders, als wenn ich eine Betriebsversammlung in einer Bank oder Versicherung mache.

Inwiefern ist das in einer Bank oder Versicherung etwas anderes als in diesen Produktionsbetrieben?

Wimmer: Es gibt dort weniger Gewerkschaftsmitglieder und auch keine so große Solidarität unter den Beschäftigten wie in einem Produktionsbetrieb. Wir diskutieren diese Frage auch innerhalb der Gewerkschaft. Bei Angestellten müssen wir uns schon oft mehr bemühen, um sie zu Versammlungen und Protestkundgebungen zu bekommen. Auch darum gehen uns die großen Produktionsbereiche ab, wenn die Unternehmen ihre Werke schließen: nämlich um Solidarität zu üben, um die Machtfrage zu stellen. Um den Menschen in Erinnerung zu rufen, dass sie ein irrsinniges Kapital haben mit ihren Händen, mit ihrem Kopf und mit ihrer Arbeitskraft. Und dass sie das auch, wenn es notwendig ist, einmal nicht einsetzen können, um etwas zu erwirken. Das ist, glaube ich, eines der wichtigsten Dinge, die wir uns immer wieder bewusst machen müssen.

Eine neue Herausforderung für Gewerkschaften ist der Umgang mit Wirtschaftswachstum. Auch hier gibt es das Dilemma: Wirtschaftswachstum kann Arbeitsplätze schaffen, ist eine gute Grundlage für gewerkschaftliche Forderungen nach Lohnerhöhungen. Aber Wirtschaftswachstum treibt auch die Klimakatastrophe immer weiter voran, wie immer mehr Studien belegen.

Wimmer: Irgendwann werden wir an einen Punkt kommen, das merken wir jetzt schon, wo wir hinnehmen müssen, dass wir nicht mehr wachsen können.

Brand: Diese Diagnose teile ich. Wir werden keine hohen Wachstumsraten mehr haben. Und ich würde sagen, es geht in Zukunft weniger um Wirtschaftswachstum, sondern um eine stabile Gesellschaft und Wirtschaft, die natürlich auch innovativ ist. Die Frage ist daher: Wie kann auch ohne Wachstum Wohlstand geschaffen werden? Wie klappt etwa unser Sozialsystem nicht zusammen, wie klappt der Arbeitsmarkt nicht zusammen? Wie schaffen wir eine Wirtschaft, die innovativ bleibt, die sich aber nicht nur an Profitmaximierung orientiert? Eine krisenfeste Wirtschaft hängt nicht am Wachstumstropf, sondern eine krisenfeste Wirtschaft schafft erst einmal gute Arbeitsplätze und ein auskömmliches Leben. Eine gute Gesellschaft, ein gutes Leben für alle, hat viel mit Umverteilung, mit Gerechtigkeit zu tun. Da sind wir schnell bei Fragen von anderer Staatsfinanzierung, etwa durch Vermögenssteuern, und auch von Arbeitszeitverkürzung. Und es sind natürlich Fragen von Interessen und Macht. Dazu braucht es starke Gewerkschaften, starke Interessenvertretungen.

Wimmer: Arbeitszeitverkürzung ist eine Auseinandersetzung, wo wir jedenfalls Gegenmacht und viel Kraft brauchen. Freiwillig machen die das hundertprozentig nicht. Wenn wir in den Verhandlungen bei den Arbeitgebern, egal wo, nur beginnen, mit »A …« den Mund aufzumachen, dann sagen die schon reflexartig »Nein«. Und wenn etwas nur am Rande mit Arbeitszeit zu tun hat, dann sagen sie »Nein, nein«. Das hat mit Gier zu tun, weil wir dem Arbeitgeber mit jeder Arbeitszeitverkürzung ein bisschen von seiner Substanz nehmen. Eine normale Lohnerhöhung ist immer das Stückerl, das wir uns eh selber verdient haben – und auch das müssen wir immer erkämpfen. Das Tortenstück bleibt dabei aber immer gleich, es wird nur ein bisschen länger, weil die Torte insgesamt wächst. Bei der Arbeitszeitverkürzung wird aber das Tortenstück größer, und da nehmen wir ihnen wirklich persönlich etwas weg. Da kann sich der dann keinen zweiten Hubschrauber kaufen. Und das ist das, was sie einfach verrückt macht, wo sie mit aller Gewalt dagegenhalten.

Zu den Personen

Ulrich Brand ist Professor für Internationale Politik am Institut für Politikwissenschaft der Universität Wien. Er ist Mitherausgeber der politisch-wissenschaftlichen Monatszeitschrift Blätter für deutsche und internationale Politik sowie Mitgründer und Vorstandsmitglied von »Diskurs. Das Wissenschaftsnetz«. Er forscht und lehrt zu kritischen Analysen der Globalisierung sowie zur ökologischen Krise und sozial-ökologischen Transformation.

Rainer Wimmer ist Bundesvorsitzender der Produktionsgewerkschaft PRO-GE und Vorsitzender der Fraktion Sozialdemokratischer GewerkschafterInnen. Mit wenigen Unterbrechungen ist er seit 1993 Abgeordneter zum Nationalrat und SPÖ-Bereichssprecher für Industrie, davor war er Bürgermeister der Marktgemeinde Hallstatt. Als gelernter Elektriker arbeitete er als Bergmann bei den Österreichischen Salinen, bevor er als Betriebsrat für die gewerkschaftliche Arbeit freigestellt wurde.

IV.

IDENTITÄT & DIFFERENZ

SOLIDARITÄT: WER SIND »WIR«, WER SIND »DIE UNSRIGEN«?

Was ist eigentlich Solidarität, wer ist mit wem solidarisch, und wie kann man Solidarität organisieren? Diese Fragen diskutieren Jörg Flecker (Soziologe an der Universität Wien) und Willi Mernyi (Leitender Sekretär der Gewerkschaft) im Austausch rund um einen der Grundpfeiler progressiver Gesellschaftsentwürfe. Durch zahlreiche Anekdoten und Forschungseinblicke füllen sie politische Schlagwörter mit Inhalten und zeigen, wie die Dinge zusammenhängen: am Fußballplatz und im Wirtshaus, bei der Organisation von Arbeitskämpfen und von lokalen Lerngruppen.

30. Oktober 2019, Wien (Universität Wien)

Willi, du bist seit 20 Jahren verantwortlich für die Kampagnen des ÖGB, zuerst als Kampagnenreferent und jetzt als Leitender Sekretär. Welches Konzept von Solidarität vertritt der ÖGB?

Mernyi: Wir haben diesen oldschool Solidaritätsansatz, dass du gemeinsam mehr erreichst als alleine. Und das ist auch der Grund, warum wir so auf Kampagnen stehen: Bei Kampagnen kannst du den Begriff der Solidarität mit Inhalten füllen. Oder bei den vielen, vielen Auseinandersetzungen von Betriebsräten. Da haben wir in Oberösterreich eine Firma, die Änderungskündigungen vorgenommen hat: Die Leute werden gekündigt, außer sie akzeptieren eine Verschlechterung ihres Arbeitsvertrags. Der Betriebsrat hat Einspruch erhoben, hat es nicht durchgebracht. Und dann bekommt der Betriebsrat mit, dass alle Mitarbeiter:innen einen Termin bekommen, aber nicht auf dem Werksgelände, sondern daneben, in einem Container.

Also ohne Einbindung des Betriebsrats?

Mernyi: Genau. Die holen die Leute hin, immer in 10er-Gruppen, legen ihnen die Änderungskündigungen vor. Vor dem Container stehen zwei Securities. Als der Betriebsrat aufmarschiert, sagen die: »Sie haben da nichts zu sagen. Weil das ist nicht das Firmengelände, Ihre Macht endet beim Werkstor.« Der Betriebsrat ist in Amokmodus gegangen, hat gedroht, die Polizei zu rufen, das Ganze ist völlig eskaliert. Da denkst du dir: Wow, was wäre, wenn die keinen Betriebsrat hätten? Die hätten das unterschrieben, jeder hätte unterschieben. Also bei uns bedeutet Solidarität, dass man mit mehr Leuten, die zusammenhalten, etwas erreichen kann.

Das Forschungsprojekt »Solidarität in Krisenzeiten« hat sich angeschaut, welche Verständnisse von Solidarität im politischen Diskurs verwendet werden.

Flecker: Das war der Ausgangspunkt des Projekts, vor allem auch, welche Solidaritätsvorstellungen die Leute haben. Wir sind außerdem davon ausgegangen, dass die Verständnisse von Solidarität in der Öffentlichkeit hochgradig umkämpft sind, wenn auch nicht immer der Begriff der Solidarität verwendet wird. Das Projekt war die Fortsetzung eines früheren Forschungsprojekts Anfang der 2000er. Damals haben wir vor dem Hintergrund der politischen Veränderungen gefragt: Was bringt die Leute dazu, die populistische Rechte zu unterstützen oder empfänglich für deren Botschaften zu sein?

In der Zwischenzeit gab es eine Wirtschaftskrise und große Fluchtbewegungen.

Flecker: Ja, daher wollten wir wissen, was sich da geändert hat. Außerdem haben wir damals schon gesehen, dass viele auf Veränderungen, sogar auf Bedrohungen, demokratisch-solidarisch reagieren und sich linken Bewegungen anschließen. Auch 2015 haben sich viele für Geflüchtete engagiert und waren bereit, Leute aufzunehmen. Wir haben untersucht, wie die Leute Krisen verarbeiten – und welche Verständnisse von Solidarität sie dabei entwickeln. Konkret hat das geheißen: eine große, repräsentative Umfrage und dann ausführliche Interviews mit 48 Personen.

Mernyi: Ich habe das Thema Solidarität vor Kurzem mit ein paar FPÖlern diskutiert, am Fußballplatz. Und die haben gesagt: »Wirf uns nicht vor, dass wir unsolidarisch sind. Wir sind genauso solidarisch wie du. Du bist halt in deinem Klassendenken, wir denken es in Rasse.« Das war nicht böse von denen gemeint, die wollten mich auch nicht provozieren, haben auch gesagt, Rasse ist der falsche Begriff. Die wollten einfach nur darlegen, dass sie keine schlechten Menschen sind. Dann sag ich: »Seid ihr irre, in Rasse?« Und er: »Und deins ist besser, in Klasse?« Ich: »Aber ihr wisst ja, wohin der Rassenwahn geführt hat!« – »Na und, bei der Russischen Revolution, habt ihr sie totgestreichelt?« Und da denkst du dir, nicht schlecht! Nicht richtig – aber nicht schlecht! Wenn du dich damit auseinandersetzt, dann wird's immer noch nicht richtiger, was die tun, versteh mich nicht falsch. Aber es ist ja nicht schlecht, wenn du dich um deine eigenen Leute sorgst. Es kommt so weich daher, es kommt nicht mit »Sieg Heil« daher. Der moderne Rechtsextremismus, aus der Mitte, feiner formuliert, die sagen: »Unsere Leute zuerst! Und wenn Donald Trump das sagt und damit amerikanischer Präsident wird, dann werden wir das ja wohl auch sagen dürfen.«

Dieser Dialog zeigt sehr deutlich, was ihr auch im Forschungsprojekt gefunden habt, nämlich dass es unterschiedliche Solidaritätsdefinitionen gibt.

Flecker: Ja, und der Dialog zeigt auch, warum es so wirkungsvoll ist, von »den Unsrigen« zu reden, von »den eigenen Leuten«. Damit kann man sehr unterschiedliche Kreise meinen: die Staatsbürger:innen; alle, die schon hier leben, also auch die Migrant:innen; die Mitglieder der »deutschen Volksgemeinschaft« – es bleibt vage, deswegen können viele mitgehen, und so kann sich rechtsextremes Denken immer mehr einschleichen.

Muss dieses Zugehörigkeitsgefühl zu »den eigenen Leuten« dazu führen, dass »die anderen« abgelehnt werden?

Flecker: Das ist eine interessante Frage. Was wir in unseren Interviews im Forschungsprojekt gesehen haben, ist, dass es für viele eine Provokation ist, wenn Fremden geholfen wird – und zwar sehr oft in Zusammenhang mit dem Gefühl »Mir hilft keiner«. Die Hilfe für Geflüchtete wird dann noch medial übersteigert, mit Berichten über tolle neue Handys und Luxusgüter. Aber dem liegt schon zugrunde, dass den Leuten vorher zwanzig Jahre lang erklärt wurde, dass der Sozialstaat nicht finanzierbar sei. In den Interviews haben sie uns dann gesagt: »Und jetzt ist plötzlich Geld da«, nämlich für Geflüchtete. Zum Teil ging es gar nicht darum, dass die Leute für sich selbst etwas gefordert hätten, sondern oft auch: »Meine Eltern haben so eine niedrige Pension.« Oder: »Die, die fleißig gearbeitet haben, haben nichts bekommen.« Wenn trotz des enormen gesellschaftlichen Reichtums immer von der Notwendigkeit des Sparens geredet wird, liegt die Frage auf der Hand: Wie viel bekommen die »anderen«, und was ist mit »unseren« Leuten? Wer immer das ist.

Ist es unter den aktuellen gesellschaftlichen Bedingungen möglich, ein »wir« der arbeitenden Menschen zu kreieren?

Flecker: Das ist grundsätzlich themenbezogen sehr wohl möglich. Viele Leute sehen das auch so. Dem stehen allerdings Spaltungen entgegen, die Leute in durchaus ähnlichen Klassenlagen trennen. Nehmen wir das Thema Leiharbeitskräfte: Wir haben mittlerweile 90.000 Leiharbeitskräfte in Österreich, das ist stark gestiegen. Hier gibt es strukturell viel Spaltung und Trennung, auch unabhängig von Nationalität und ethnischen Zugehörigkeiten, wo die Gewerkschaft wenig dagegen machen kann.

Mernyi: Ich bin viel unterwegs mit IG Metall-Betriebsräten, die sagen dir: »Natürlich sind wir dafür, dass Leiharbeiter gleich verdienen. Aber ohne billige Leiharbeiter schaffen wir das ja gar nicht mehr.« Also der akzeptiert, dass es Leiharbeiter gibt, die schlechtere

Arbeitsbedingungen haben und weniger verdienen, damit der Standort erhalten bleibt. Da gibt es jetzt zwei Probleme: erstens diese Standortlogik, die wir mittlerweile alle übernommen haben. Das »wir« sind dann nicht wir Arbeiter:innen, sondern der Standort des Konzerns. Das zweite Problem sind die strukturellen Spaltungen unter den Arbeitnehmer:innen. Der Betriebsrat sagt zum Beispiel: »Warum soll ich den Leiharbeiter zur Weihnachtsfeier einladen und sein Essen zahlen? Der zahlt ja keine Betriebsratsumlage, was glaubst', was ich dann von meinen Leuten hör?« Es ist schon wirklich schwer, da Solidarität zu organisieren. Wir müssen verdammt aufpassen, dass wir nicht hergehen und sagen: »Weißt' was, vergessen wir die 20 Prozent, machen wir es für die 80 Prozent.«

Flecker: Wir haben unsere Interviews analysiert in Bezug auf die Frage: Wen bezeichnen die Leute mit »wir«? Wir sind auf zehn »Wir« gekommen, zehn unterschiedliche Identifizierungen. Das »Wir« der Armen gegenüber den Reichen; das »Wir« derjenigen, die die österreichische Staatsbürgerschaft haben; »Wir«, die leistungsbereit und tüchtig sind; »Wir« im gleichen sozialen Milieu; das »Wir« gleicher Kultur und Abstammung und so weiter. Aber es ist ja nicht so, dass jemand ab dem Alter von 18 Jahren eine fixe Vorstellung davon hat, mit wem sie oder er sich identifiziert. Das ist sehr fließend. Je nach Situation kann man deshalb anders an die Leute appellieren.

Kannst du ein Beispiel geben?

Flecker: Wir haben Typen von Solidaritätsverständnissen identifiziert und dabei ein ganz interessantes Verständnis gefunden, das haben wir »Leistung muss belohnt werden« genannt – die meinen damit ihre Leistungen als arbeitende Menschen. Sie beklagen die viel zu niedrigen Löhne etwa der Friseurinnen, die davon nicht leben können. Die sagen unter anderem: »Der Geschäftsführer sahnt ab, und was kriegen wir? Wir machen die ganze Arbeit!« Ein ganz klassisches Arbeiterbewusstsein. Die sagen aber auch: »Ich finde das nicht okay, dass einer, der nicht arbeitet, auch gut davon leben kann.«

Wenn also der erste Teil nicht von der Politik angesprochen wird – die Solidarisierung der Arbeitenden gegenüber den Besitzenden –, dann kann man dieses Solidaritätsverständnis auch ganz schnell anders politisieren, nämlich in Richtung einer Diffamierung der weniger Leistungsfähigen oder der Ausgegrenzten. Und neoliberale Leistungsorientierung lässt sich sehr leicht mit der rechtsextremen Ausgrenzungslogik verbinden: Die »Minderleister«, wie es die Nazis genannt haben, oder »Durchschummler«, wie es heute heißt, die in der »sozialen Hängematte« liegen.

Die FPÖ betreibt Sozialabbau und gibt gleichzeitig vor, dass sie im Interesse der kleinen Leute handelt. Wie geht das?

Flecker: Die rechtspopulistischen, rechtsextremen Parteien in Europa haben irgendwann die soziale Frage für sich entdeckt. Die meisten waren ursprünglich durchgängig neoliberal, auch offen in ihrer Programmatik und in ihren Botschaften. Als Erstes hat dann der Front National in Frankreich seine Botschaften geändert und die soziale Frage für sich genützt. Und weil sie so wenig in Regierungen waren, mussten sie ihre Politik nicht wirklich ändern; das Abstimmungsverhalten schaut sich ja niemand im Detail an, und so sind sie recht gut durchgekommen mit diesem Spagat. Die »soziale Heimatpartei« – das hat ja nicht nur die FPÖ, sondern auch die NPD als Slogan. Das kommt sehr gut an, weil es diesen Wohlfahrtschauvinismus transportiert: »Keine Zuwanderung ins Sozialsystem.« Das war auch die Botschaft von Sebastian Kurz. Sie tun so, als würden sie den Sozialstaat nach außen verteidigen, und genau das ermöglicht es ihnen, den Sozialstaat abzubauen, weil ja die Kürzungen dann in Wirklichkeit alle betreffen.

Mernyi: Dabei könnte man ja gerade das auch auflösen. Das ist immer meine interne Kritik an der Gewerkschaft und der Sozialdemokratie, dass wir uns der Debatte nicht stellen. Ich war im Burgenland, in Eisenstadt, Wirtshaus, 150 Leute. Dann sagt einer: »So, jetzt sag ich dir was: Du redest von Gerechtigkeit.« Wenn einer so anfängt, weiß ich eh schon, was dann kommt. Er erzählt mir den Fall von seinem Nachbarn, detailliert, was der verdient. Und dann rechnet er mir die Flüchtlingsfamilie vor. Und bevor ich antworten kann, sagen zwei Leute: »Das sind Fake News!« Das weiß ich eh, dass das Fake News waren, aber das hätte ich nie im Leben gesagt in der Diskussion. Weil da verlierst du nur. Wirklichkeit ist, was wirkt. Der hat gewirkt. Ich habe gesagt: »Gut. Ich glaub dir alles, was du sagst, die ganzen Zahlen. Und weißt du was? Jetzt machen wir ein Gesetz: Nehmen wir dem Asylwerber – oder wie du sagst, dem Asylanten –, nehmen wir ihm die Hälfte weg. Oder wisst ihr was? Nehmen wir ihm 90 Prozent weg! Wer ist dafür?« (Hebt die Hand.) Haben sie sich natürlich nicht aufzeigen getraut. Sag ich: »Ihr seid feig, ich bin dafür: 90 Prozent wegnehmen! Lass mich dir nur eine Frage stellen: Wenn wir ihm 90 Prozent weggenommen haben: Was hat der Nachbar mehr? Sag's mir!« Und dann schauen sie dich an und sagen: »Das hat uns noch keiner gesagt.« Und das glaub ich ihnen. Das ist keine Ausrede. Ob das Fake News sind, ist ja egal. Natürlich sind sie es. Aber so gewinne ich die Debatte nicht.

Die Forschung sagt einerseits, dass ein Benachteiligungsgefühl dazu führt, dass Leute empfänglich werden für populistische Botschaften. Andererseits zeigt sich: Diejenigen, die einen ausgrenzenden Solidaritätsbegriff haben, sind oft jene mit höherem Einkommen. Wie passt das zusammen?

Mernyi: Ich halt' es für einen Wahnsinnsfehler, zu glauben, dass nur die »Abgehängten« die FPÖ-Wähler sind. Das stimmt ja nicht. Die komplett Abgehängten gehen gar nicht zur Wahl. Bei den IFES-Umfragen (Anm.: Institut für empirische Sozialforschung) gibt es immer eine Frage, die mich brennend interessiert, nämlich: »Werden es Ihre Kinder einmal besser oder schlechter haben?« Das ist für mich die spannendste Frage. Diejenigen, die sagen, die Kinder werden es massiv schlechter haben, die Zukunftspessimisten: Das sind die, die die FPÖ wählen. Wenn die Leute glauben, sie sind angegriffen, ihre

Art zu leben wird angegriffen, ihr Status wird angegriffen, dann sind sie anfällig. Ich glaube, wenn man ein Klima herstellt, dass die Mittelklasse angegriffen wird – die muss ja nicht wirklich angegriffen werden, Hauptsache, du glaubst es –, also wenn dieses Gefühl da ist, sind die anfälliger, als wir alle glauben wollen.

Flecker: Auch nach unseren Daten lässt sich das nicht so einfach sagen, dass diejenigen, die in jüngerer Zeit Benachteiligung erlebt haben, besonders ansprechbar wären für rechts. So mechanisch läuft es nicht. Weil es kommt sehr darauf an, wie man das selber interpretiert. Die einen empfinden Benachteiligung im Sinne von weniger Geld; die anderen, die doppelt so viel haben, fühlen sich trotzdem relativ benachteiligt. Oder sie reden plötzlich über andere, die zu wenig Geld haben. Oder sie erzählen, dass sie ein besonderes Medikament für das Kind brauchen, das können sie sich zwar leisten, aber die Krankenkasse bezahlt es nicht. Das wird dann aufgeblasen zu etwas, das sie der Unterstützung für Geflüchtete oder Erwerbsarbeitslose gegenüberstellen. Zum Teil liegt darin auch eine Entsolidarisierung der Bessergestellten. Sie möchten den Kuchen für ihresgleichen reservieren.

Wie kann man dem politisch begegnen?

Mernyi: Vor Kurzem habe ich mit jemandem diskutiert, der sagt: »Wenn ich über den Reumannplatz gehe, es taugt mir nicht.« Der wohnt in Wien Favoriten. »Es taugt mir nicht. Ich fühl mich nicht mehr daheim. Ich hab nichts gegen Ausländer, aber es ist nicht mehr mein Favoriten. Und so lange ich mich nicht mehr daheim fühl', wähle ich euch nicht mehr.« Da denk ich mir: Sich daheim zu fühlen ist ja etwas, von dem wir immer geredet haben! Wir haben das »Daheim« doch organisiert, mit Kinderfreunden, Gemeindebaufest, Filmabenden. So, und dann treff ich einen Genossen in Favoriten, sagt der: »Weißt du, wie unser Wahlergebnis ist? Bei uns in der Sektion plus sechs Prozent.« Sag ich: »Wie habt ihr plus sechs Prozent bei der Wahl?« Hat er gesagt: »Lerngruppen.« Die machen Lerngruppen!

Und die Leute sind dankbar, die sagen: »Ihr macht was für uns«. Für die Kinder; Inländer, Ausländer, egal. Sagt er: »Da gibt's kein Problem. Die kommen, wir organisieren das, machen Hausaufgaben gemeinsam. Und das machen wir als SPÖ. Letztes Mal sind wir den Müll wegräumen gegangen auf der Quellenstraße. Da haben die Leute gefragt: ›Was macht denn ihr da, mit den SPÖ-Jacken?‹ – ›Wir machen unseren Bezirk sauber.‹« Dann denk ich mir, kann es das sein? Wir kampagnisieren die großen Geschichten, Europäisches Sozialmodell und so weiter. Er organisiert Lerngruppen – und erreicht bei der Wahl plus sechs Prozent.

Zu den Personen

Jörg Flecker ist Professor für Allgemeine Soziologie am Institut für Soziologie der Universität Wien sowie Mitbegründer und Vorstandsvorsitzender der Forschungs- und Beratungsstelle Arbeitswelt (FORBA). Seine Forschungsschwerpunkte liegen rund um den Themenbereich Arbeit: Arbeitsorganisation und Arbeitsbeziehungen, Arbeitsmarkt, Transnationalisierung und Flexibilisierung.

Willi Mernyi ist Leitender Sekretär für Organisation des Österreichischen Gewerkschaftsbundes (ÖGB) und Bundesgeschäftsführer der Fraktion Sozialdemokratischer GewerkschafterInnen (FSG). Für sein Engagement als Vorsitzender des Mauthausen Komitees Österreich wurde er mit dem Bundes-Ehrenzeichen »Für Toleranz und Menschenrechte« ausgezeichnet.

TRANSNATIONALITÄT WERTSCHÄTZEN STATT MIGRANT:INNEN ABWERTEN

Im Frühsommer 2021 entbrannte rund um einen SPÖ-Vorschlag zu Reformen des Staatsbürgerschaftsrechts eine politische Debatte. Dieses Gespräch über politisches Engagement von Migrant:innen und über die Rolle von Staatsbürgerschaft für gesellschaftliche Teilhabe fand während dieser Zeit statt. Vedran Džihić (Politikwissenschafter an der Universität Wien) und Nurten Yılmaz (SPÖ-Nationalratsabgeordnete und Integrationssprecherin) thematisieren dabei auch das neue Selbstbewusstsein und Selbstverständnis einer offenen und bunten Gesellschaft.

22. Juni 2021, Wien (Stadtpark)

Vedran, du hast untersucht, wie sich serbische und türkische Migrant:innen in Wien politisch engagieren. Was hast du herausgefunden?

Džihić: Wir sind an das Thema mit einem sehr breiten Verständnis des »Politischen« herangegangen. Selbst wenn Migrant:innen von Wahlen ausgeschlossen sind, beziehen sie Informationen, wollen ihre lebensnahe Umwelt gestalten, treffen sich in einem Verein und so weiter. Es gibt viele Formen der politischen Teilhabe. Wir haben untersucht, welche tatsächlichen Möglichkeiten und Wege Migrant:innen finden, sich einzubringen. Da sind wir schnell bei der Staatsbürgerschaft gelandet, bei Missständen und Schikanen durch Behörden, bei finanziellen Hürden. Bei vielen Bereichen, die eben nicht so beschaffen sind, dass die politische und soziale Teilhabe in einem breiten, pluralen Sinne leichter gemacht wird – sondern die all das erschweren.

Wie gehen diese Menschen damit um?

Džihić: Wir haben kreative Formen des Umgangs mit diesen Rahmenbedingungen gefunden. Es gibt einzelne Persönlichkeiten, die über soziale Medien den Diskurs mitgestalten. Es gibt Initiativen, wie den Expert:innenrat M.I.T. (Migration, Integration, Teilhabe), der regelmäßig Empfehlungen erarbeitet und an unterschiedliche Akteur:innen schickt. Und sehr wichtig sind auch Vereine. Die Leute in meinem Basketball-Verein beispielsweise organisieren sich und thematisieren so ihre Anliegen – selbst wenn sie keine Staatsbürgerschaft haben und nicht an den Wahlen teilnehmen können.

Nurten, du bist als Neunjährige mit deinen Eltern aus der Türkei nach Österreich gekommen. Schon ein paar Jahre später wurdest du in der Sozialistischen Jugend aktiv und engagierst dich seitdem in der Sozialdemokratie. Wer oder was hat dich politisiert?

Yılmaz: Schwierig zu sagen, so ein wirkliches Erlebnis gab es nicht. Ich bin über die Parks, den Fußball und die Sozialistische Jugend in die Politik hineingerutscht. Und war natürlich immer aufmüpfig, quasi Feministin, ohne das damals so bezeichnet zu haben. Gefallen lassen darf man sich nichts, schon gar nicht in den Wiener Straßen und Parks. Dranbleiben, hartnäckig sein – wenn man so aufwächst, entwickelt man eine dicke politische Haut. Und es kam sowieso nie etwas anderes als die Sozialdemokratie in Frage. Damals unter Kreisky mitzuerleben, wie unsere Visionen und Forderungen plötzlich Realität wurden: Dieses Gefühl kann dir niemand wegnehmen. Das elektrisiert mich bis heute. Freifahrt, Gratisschulbücher, mehr Urlaub, Arbeitszeitverkürzung – gefordert, umgesetzt. Das war kollektiver Aufbruch. Meine Eltern sind beide Arbeiter. Mein Vater ist Schneider, meine Mutter hat bei Philips gearbeitet. Ich selbst bin eigentlich ausgebildete Starkstromtechnikerin und habe die Fachschule für Elektrotechnik absolviert, als einziges Mädchen unter Hunderten Jungs. Im Grunde kann man mit dieser Biografie nur Feministin und Sozialistin werden.

Wie bemühst du dich heute, als Politikerin die türkische Community anzusprechen?

Yılmaz: Natürlich habe ich viele Bekannte und Mitstreiter:innen, die auch Eltern oder Großeltern aus der Türkei haben. Viele sind innerhalb, manche außerhalb der SPÖ aktiv. Die unterstützen mich seit Jahren. Aber ich würde trotzdem nicht sagen, dass ich in den Wahlkämpfen oder via Social Media gezielt versuche, die türkische Community anzusprechen. Ich will das auch nicht, weil ich als Ottakringer Abgeordnete für alle da bin: egal welche Erstsprache, Geburtsland oder Herkunft der Eltern. Es ist wichtig, dass es gemeinsame Räume gibt, wo alle wahrgenommen werden, sich spüren, Anerkennung erfahren und auch sichtbar sind.

Džihić: Auch in unserer Studie hat sich gezeigt, dass dieses Entweder-oder, das in den Integrationsdebatten immer mitschwingt, nicht der Realität entspricht. Migrant:innen sind immer eine Mischung aus dem, was in der Herkunftsgesellschaft passiert, und dem, was hier passiert. Niemand gibt seine Wurzeln vollkommen auf und niemand ist im Kopf ausschließlich irgendwo anders. Aber in dieser Entweder-oder-Logik müssen sich Migrant:innen entscheiden, ob sie sich mit dem Herkunftsland oder mit dem Land, in dem sie leben, identifizieren. In Österreich drückt sich das sehr deutlich darin aus, dass die Menschen ihre ursprüngliche Staatsbürgerschaft ablegen müssen, um die österreichische annehmen zu können. Dabei ist es eigentlich ganz normal, dass sich Migrant:innen mit mehreren Gesellschaften und Nationen identifizieren – und so etwas ist ja eine Bereicherung. Es braucht daher ein Verständnis eines Sowohl-als-auch, um die Lebensrealitäten der Menschen zu erfassen und gute Politik zu machen.

Yılmaz: Vor allem dürfen keine Hürden geschaffen werden, deren Überwindung vom Geldbörsel abhängt. Ein Drittel der Menschen in Wien ist von politischer Teilhabe ausgeschlossen, weil sie nicht österreichische Staatsbürger:innen sind. Für die Staatsbürgerschaft musst du heute erst einmal sparen, wirklich sparen, das ist irrsinnig teuer. Und du musst ein gutes Einkommen haben: Die Einkommensschwelle ist so hoch, dass aktuell 50 Prozent der Arbeiterinnen in Österreich darunter liegen. Die Hälfte! Die könnten sich gar nicht einbürgern, weil sie zu wenig verdienen. Hier werden systematisch Frauen, gering verdienende und geringfügig arbeitende Menschen von der Staatsbürgerschaft, also von rechtlicher Gleichstellung, ausgeschlossen – und damit auch von politischer Mitbestimmung. Deshalb wollen wir, dass die Staatsbürgerschaft allen offen steht, die seit sechs Jahren in Österreich leben. Und wir treten ein für die Abschaffung der finanziellen Hürden: weg mit den Bundesgebühren, runter mit den Landesgebühren, und die Einkommenshürde muss gesenkt werden.

Die SPÖ fordert außerdem, dass Kinder, die hier geboren werden und deren Eltern schon fünf Jahre da sind, österreichische Staatsbürger:innen sein sollen. Wie wird das in der SPÖ diskutiert?

Yılmaz: Das ist Beschlusslage, ein Antrag unserer Parteijugend wurde mit großer Mehrheit am Bundesparteitag 2018 angenommen, in einer Arbeitsgruppe über Monate detailliert ausgearbeitet und dann vom SPÖ-Bundesparteivorstand im April 2021 einstimmig beschlossen. Die gesamte Partei steht dahinter, alle Bundesländer und Teilorganisationen. Um das auch umzusetzen, brauchen wir eine einfache Mehrheit im Parlament. Und das ist machbar, politische Mehrheiten verändern sich. Man muss es wollen. Wir wollen das. Wir sind ja nicht das erste Land, das das macht, wir können von den Erfahrungen unserer Nachbarländer lernen. Und ich sage dir: Jene Länder, die das ermöglicht haben, stehen noch immer. Die sind nicht zusammengebrochen.

Damit sprichst du die restriktive Haltung rechter Parteien zu diesem Thema an. In der Debatte rund um die Staatsbürgerschaft beschreibt die ÖVP die Staatsbürgerschaft als etwas, was man sich erarbeiten muss: die Krönung eines Integrationsprozesses.

Yılmaz: Die Staatsbürgerschaft ist kein Krönchen, sondern sie ist wichtig für die Stärkung von Demokratie und Gerechtigkeit in unserem Land. Wenn Menschen die Staatsbürgerschaft bekommen, wird ihre Identifikation mit dem Land stärker. Die Leute verdienen besser, sind auf dem Arbeitsmarkt besser aufgehoben. Und sie fühlen sich auch stärker verantwortlich.

Džihić: Auch Wählen ist eine Erfahrung, gerade bei jungen Menschen, die für die Identität und für das Selbstbewusstsein so wichtig ist. Wir bezeichnen daher Staatsbürgerschaft eher als Katalysator, also als etwas, das Teilhabe beschleunigt, unterstützt. Es geht dabei nämlich sehr stark um Anerkennung: Wer wird wo anerkannt und wer wird nicht anerkannt; wer ist sichtbar und wer ist unsichtbar?

Yılmaz: Als ich Abgeordnete geworden bin, stolze Abgeordnete dieses Landes, habe ich Lehrlinge empfangen, die eine Führung im Parlament gemacht haben. Ich erzähle also von unserer Rechtsstaatlichkeit, von unserer Demokratie, von Frauenrechten. Und dann sag ich: »Geht bitte wählen, interessiert euch!« Und zwei Drittel zeigen auf: Sie dürfen nicht wählen. Sie haben weder ein Problem mit Deutsch noch mit der Integration.

Džihić: In der Forschung wird dazu die affektive Dimension des Ganzen betont: Wenn man abgelehnt wird, erzeugt das eine negative Grundhaltung auf der emotionalen Ebene. Das führt dazu, dass ich mich zurückziehe. Das hat man jetzt bei Corona auch gesehen: Bei der serbischen Migrant:innengruppe ist die Bereitschaft, sich impfen zu lassen, geringer als bei der Gesamtbevölkerung, weil sie ab einem gewissen Zeitpunkt das Gefühl hatte: »Die Regierung, der Bundeskanzler, wendet sich gegen uns: Er sagt, das Virus kommt mit dem Auto. Wir dürfen nicht reisen. Unsere Transnationalität wird zu einem riesen Problem.« Das wird internalisiert und emotionalisiert. Viele in der serbischen Bevölkerungsgruppe verlieren das Vertrauen in den Staat, in die Regierung, in das Handling der Krise. Und das hat dann den Effekt, dass sie sich weniger impfen lassen. So etwas kommt also als Bumerang wieder zurück.

Yılmaz: Es spielt auch den türkischen und serbischen Nationalisten in die Hände. Das ist dann der Beweis: »Schau, du wirst schon wieder diskriminiert. Die wollen euch nicht. Wir – die Türken, die Muslime –, wir schauen auf dich.«

Džihić: Hier kommt eine selbsterfüllende Prophezeiung ins Spiel. Die Politik grenzt dich aus, du ziehst dich zurück, wendest dich vielleicht einem serbisch-nationalistischen Verein zu. Und dann kommt jemand und sagt: »Na schau, die Ausländer sind eh so, wie wir immer gesagt haben.« Wenn diese selbsterfüllende Prophezeiung nicht unterbrochen wird, artet das irgendwann in Konflikte aus. Der beste Weg, um das zu verhindern, ist Inklusion.

Wie kann so ein inklusiver Zugang in der politischen Alltagsarbeit aussehen?

Yılmaz: Man braucht in der Politik immer wieder kurze, schlagkräftige Aussagen, und eine meiner Aussagen ist: Wir haben viele verschiedene Geburtsorte, aber eine gemeinsame Zukunft. An dieser Zukunft müssen wir gemeinsam arbeiten. Es ist an der Zeit, aus dem Denken in ethnischen Schubladen auszubrechen und Politik für alle zu machen, im Sinne eines vielfältigen »Wir«. Wien ist nicht eine Ansammlung von verschiedenen Communities – die steirische, die syrische, die türkische, die oberösterreichische Community und so weiter –, die nebeneinander dahinleben und spezielle »Vertreter« – meist selbsternannte Vertreter, meist männlich – in der Politik brauchen, die sie repräsentieren. Community ist für mich immer dort, wo im Grätzel verschiedenste Menschen zusammenfinden und das Gemeinsame weiterentwickeln. Im Sinne des Gemeinsamen, nicht einer ethnischen Gruppe. Das spricht auch mehr Menschen an, die selbst eine Migrationsbiografie haben. Und wenn ich mir zum Beispiel in der SPÖ unsere Frauenorganisation oder den Parteinachwuchs anschaue: Es gibt genügend

Migrant:innen, die aktiv sind. Da hat sich in den letzten Jahren massiv etwas getan.

Džihić: Ob man will oder nicht, das Rad der Zeit lässt sich nicht zurückdrehen. Dieses Land ist eine Einwanderungsgesellschaft. Einwanderung ist für dieses Land kein Defizit, sondern eine Notwendigkeit und eine Bereicherung.

Yılmaz: Und die Menschen müssen auch wertgeschätzt werden. 70 Prozent der Reinigungskräfte in Wien haben nicht den österreichischen Pass. Die putzen unseren Dreck weg, und wir sehen sie nicht einmal, weil wir sie ja jetzt schon um vier Uhr in der Früh bestellen, damit sie, wenn jemand um sieben kommt, nicht mehr da sind. Oder auch in der Pflege: Ich will einer Pflegerin nicht sagen, sie kriegt nicht mehr als 1.100 Euro Gehalt, und die Staatsbürgerschaft bekommt sie auch nicht. Die wird mich irgendwann pflegen. Ich will, dass sie sich wohlfühlt und gerne hier ist.

Džihić: Die deutsche Wirtschaft hat von dieser sogenannten Flüchtlingskrise, die keine war, jetzt schon dermaßen profitiert. Die syrischen Geflüchteten waren ja in der Regel super qualifizierte Arbeitskräfte, die sind jetzt nach kurzer Zeit eingegliedert im Arbeitsprozess. Es gibt natürlich Ränder, wo Dinge nicht funktioniert haben, Menschen ausgeschlossen wurden. Aber im Großen und Ganzen war das ein Elixier für die deutsche Wirtschaft. Das werden sie immer wieder brauchen, und das wird auch Österreich immer wieder brauchen. Ich glaube, es ist extrem wichtig, den Leuten hin und wieder einen Spiegel vorzuhalten. Zum Beispiel bei der Fußball-Europameisterschaft: Wenn Österreich spielt und dieser Jugo Arnautovic ein Tor schießt – was passiert dann? Dann jubeln die Autochthonen und die nicht Autochthonen. Das sind die Momente, diese emotionalen und symbolischen Momente, wo du zeigst: »Schaut's, Leute, diese Erzählung, die ihr habt: Das ist nicht die Realität. Wir brauchen noch mehr von diesen Arnautovics.«

Yılmaz: Kennt ihr das Buch »Onkel Toms Hütte«? Das war mein erstes Buch, ich habe es geschenkt bekommen mit acht oder neun Jahren. Ein Roman aus dem 18. Jahrhundert in den USA, über Sklaven und ihre Besitzer, über einen loyalen Schwarzen und seinen Herrn, der ihn verkaufen muss, aber immer lieb zu ihm ist. Diese Zeit ist vorbei. Onkel Toms Hütte gibts es nicht mehr. Das lässt sich niemand mehr gefallen. Die zweiten, dritten Generationen der Migrationsfamilien sind heute nicht mehr so wie unsere Elterngenerationen, so unterwürfig und dankbar. Gleichberechtigung, einander in die Augen schauen, Meinung austauschen, mit oder ohne Staatsbürgerschaft: Das ist die Zukunft.

Džihić: Ja, das sieht heute ganz anders aus. Wenn man sich die migrantischen Influencer:innen anschaut, eine Melisa Erkurt, wie die agiert, mit welchem Selbstbewusstsein sie behauptet: »Das ist mein Land.« Das wird noch zunehmen. Dieses Land hat jetzt neun Millionen Einwohner:innen. Wenn man die Migrant:innen abzieht, bleiben nur fünf bis sechs Millionen, und das Land würde nicht mehr funktionieren. Der eine pflegt dich, die andere kocht dir etwas, der dritte erzählt dir etwas, die Melisa Erkurt argumentiert mit dir, die Nurten Yılmaz vertritt dich im Parlament, ich unterrichte an der Universität. Wir sind alle ein Teil davon. Das ist ja selbstverständlich. Du kannst diese Gesellschaft nur gemeinsam weiterbauen. Und dafür muss man die Voraussetzungen schaffen, die rechtlichen und die emotionalen Voraussetzungen.

Über die Personen

Vedran Džihić ist Senior Researcher am Österreichischen Institut für Internationale Politik (OIIP) und Lektor am Institut für Politikwissenschaft der Universität Wien und an der Universität für angewandte Kunst Wien. Seine Forschungsschwerpunkte sind Demokratie und Autoritarismus, Europäische Integration, Zivilgesellschaft und Protestbewegungen. Er ist Teil des wissenschaftlichen Netzwerks des Karl-Renner-Instituts.

Nurten Yılmaz ist SPÖ-Nationalratsabgeordnete und Bereichssprecherin für Integration. Davor war sie Bezirksrätin in Wien Ottakring und Abgeordnete zum Wiener Landtag und Gemeinderat. Ihr politischer Schwerpunkt liegt bei Integrationspolitik. Darüber hinaus engagiert sie sich als Mitglied des Wiener Frauenkomitees und des Bundesfrauenvorstandes der SPÖ für feministische Politik.

DIVERSITÄT, VERTEILUNG UND KLIMAPOLITIK ZUSAMMEN DENKEN

Wie kann man Teilhabe für unterrepräsentierte und marginalisierte Gruppen ermöglichen? In diesem reichhaltigen Gespräch diskutieren Laura Dobusch (Soziologin an der Universität Linz) und Mario Lindner (SPÖ-Nationalratsabgeordneter und Gleichbehandlungssprecher) das Zusammenspiel von Inklusion und Grenzziehungen. Dabei geht es um Dating-Apps und die Regenbogenparade, um eine Reinigungsfirma und Wikipedia, um Corona-Lockdowns und die Klimakrise.

12. April 2022, online

Laura, du zeigst durch deine Forschung, dass Offenheit und Geschlossenheit, Inklusion und Exklusion keine Gegensätze sind, sondern einander gegenseitig bedingen. Was meinst du damit?

Dobusch: Inklusion basiert immer auf Grenzziehungen: Bestimmte Rechte, bestimmte Ressourcen werden bestimmten Gruppen gegeben. Wenn man mehr Inklusion will, geht es meistens darum, diese Grenze zu verschieben. Daher ist es wichtig, bei allen Inklusionsdebatten mitzudenken: Wer ist drinnen, wer ist draußen, und unter welchen Bedingungen? Beispiel Frauenförderung: Wenn mehr Frauen in Machtpositionen kommen, dann gibt es eine Gruppe – grob umrissen: weiße, nicht beeinträchtigte Männer mittleren Alters –, die diese Positionen dann nicht bekommen. Durch Inklusionsbemühungen für die eine Seite entstehen also auch Exklusionseffekte für die andere Seite; Menschen, die vorher Entscheidungen dominiert haben, haben dann vielleicht weniger Stimme in diesen Entscheidungen. Das heißt: Inklusionsbemühungen haben auch immer mit der Um- und Neuverteilung von Macht und Ressourcen zu tun und stoßen daher auf vielfältige Widerstände.

Völlige Offenheit und die Abschaffung von Grenzziehungen ist also nicht das gleiche wie Inklusion.

Dobusch: Abschaffen kann man diese Grenzziehungen nicht, sie werden verschoben oder anders gezogen. Bei Online Communities beispielsweise sieht man das recht deutlich: Je offener oder je unregulierter diese Communities sind, desto eher neigen sie dazu, gesellschaftliche Ungleichheiten abzubilden. In einer Studie haben wir digitale Communities verglichen, konkret die Online-Enzyklopädie Wikipedia, die Plattform Reddit und Open-Data-Initiativen. Der Leitspruch von Wikipedia ist »anyone can edit«, aber in der Realität sehen wir einen wirklich starken Bias in der Beteiligung, je nach Sprachversion sind bis zu 90 % der Beitragenden Männer, mehrheitlich aus dem Globalen Norden.

Wie kann man das ändern?

Dobusch: Um bestehenden sozialen Ungleichheiten entgegenzuwirken, braucht es explizite, offen diskutierte Schließungsmechanismen, so nennt man das in der Forschung. Bei Wikipedia wären das Regelungen, wer worüber einen Beitrag verfassen und bearbeiten darf. Diese Regeln gibt es zwar, nur berücksichtigen sie Fragen von Diversität und sozialer Ungleichheit nicht. Und es braucht eine proaktive Förderung von bestimmten Communities oder Gruppen, damit sie überhaupt in die Lage kommen teilzunehmen. Hier sind aber auch die Möglichkeiten von Wikipedia begrenzt, gerade was die materielle Infrastruktur wie zum Beispiel Internetzugang betrifft, oder die Zeit, die Leute zur Verfügung haben – Menschen mit Sorgeverpflichtungen, Menschen im Globalen Süden sind also bei »anyone can edit« nicht wirklich mitgemeint.

Dieses Zusammenspiel von Inklusion und Exklusion zeigt sich sehr schön am Beispiel von Safe Spaces marginalisierter Gruppen, also Frauenräumen oder LGBT-Häusern: Indem man nur gewissen Leuten

Zugang erlaubt oder indem man bestimmte Verhaltensweisen verbietet, wird es für diese Gruppen möglich, zu kommen und sich auf eine Art zu öffnen, die ihnen in anderen Räumen nicht möglich ist.

Lindner: Hier hat auch das Internet viel ermöglicht, das habe ich gerade als schwuler Mann am Land gemerkt. In der großen Bundeshauptstadt Wien hast du Anonymität, und vor allem gibt es NGOs und Vereine, die genau diese Safe Spaces anbieten. Am Land heraußen ist das aber irrsinnig schwierig, da haben Dating-Apps eine ganz wichtige Rolle gehabt – die gibt's natürlich im Community-Bereich auch ganz stark, Grindr und Romeo zum Beispiel. In meiner Jugend war das schwieriger: »Bin ich denn jetzt der einzige schwule Mann bei uns in der Gemeinde?« Die App zeigt dir jetzt: »Oh, in drei Kilometer Entfernung gibt es ja doch noch einen Menschen, der das Gleiche fühlt wie ich.«

Dobusch: Das ist eine interessante Gegenüberstellung, zwischen den physischen geschützten Räumen und den Community-Dating-Apps. In vielen der physischen Gruppen gibt es nämlich sehr starke Exklusionsmechanismen, die aber kaum thematisiert werden: ganz bestimmte Codes, die man erfüllen muss, im Verhalten, der Sprache, dem Aussehen. Online-Foren sind da viel durchlässiger, da sind die Zugangsbedingungen extrem niederschwellig. Wobei das aus meiner Perspektive nicht gegen diese physischen Gruppen spricht. Es spricht nur dafür, sich immer bewusst zu machen: Was sind eigentlich die erwünschten und nicht erwünschten Inklusionseffekte von dem, was wir uns da schaffen?

Lindner: Ich bin ja, was das betrifft, eigentlich ein total untypischer schwuler Mann. Ich komm vom Land, hab einen klassischen technischen Beruf – Elektroinstallateur – gelernt, ich bin weder 1,80 m groß noch durchtrainiert. Und dann bin ich auch noch Gewerkschafter.

Wie erlebst du diese Kombination im politischen Alltag – Gewerkschafter und LGBTIQ-Aktivist?

Lindner: Ich stelle mir immer die Frage: Wie kann man die Dinge verbinden? Wie bringen wir sozialdemokratische Themen – Sozialpolitik,

Gesundheitspolitik, Pensionspolitik, Arbeitsmarktpolitik – zielgruppengerecht in unsere Community? Kennt ihr den Film »Pride«? Der zeigt, wie sich damals, in den 8oern in Großbritannien, die Schwulen- und Lesben-Community mit den Protesten der Bergarbeiter solidarisiert hat. Das ist so ein schönes Beispiel, von dem kann man lernen, auf dem kann man aufbauen. Vor der Regenbogenparade 2018 ist die Gewerkschaft auf mich zugekommen, weil sie wusste, dass ich auf der Regenbogenparade rede. Zu dieser Zeit gab es gerade die Proteste gegen die 60-Stunden-Woche und den 12-Stunden-Tag. Sie haben gesagt: »Du musst dazu etwas sagen, weil du sprichst da vor so vielen Leuten!« Und ich habe mir im Moment gedacht: »Wie soll ich denn dieses Thema bei einem Community Event einbauen, wie soll das gehen?« Dann ist mir der Film »Pride« eingefallen, und ich wusste: Das funktioniert. Gleichstellungspolitik und Antidiskriminierung stehen nie im Widerspruch zu Themen wie Sozialpolitik und Verteilungsgerechtigkeit, sondern sie gehören immer zusammen.

Das wird ja oft gegeneinander ausgespielt, Identitätspolitik gegen Klassenpolitik.

Dobusch: Ich persönlich benutze den Begriff »Identitätspolitik« eigentlich nicht, weil der meiner Einschätzung nach oft verwendet wird, um diese Arbeit zu diffamieren. Aus meiner Perspektive geht es bei sogenannter Identitätspolitik, genauso wie bei sogenannter Klassenpolitik, um Interessenspolitiken. In manchen linken Kreisen gibt es eine Ablehnung gegenüber dem Diversitätsbegriff, weil darin eine Art unheilige Allianz mit Ökonomisierung oder Neoliberalismus gesehen wird. Mein Zugang ist: Wie dieser Begriff verwendet wird und was im Namen von Diversität gemacht wird, das muss man sich im ganz Konkreten anschauen.

Du hast dir das bei einer Reinigungsfirma an einem Flughafen in den Niederlanden angeschaut.

Dobusch: Ja. Die Zusammensetzung der Arbeitskräfte in diesem Unternehmen ist sehr divers. Es gibt ganz viele gebürtige

Niederländer:innen, die ethnischen Minderheiten angehören, und auch sehr viele Migrant:innen aus Osteuropa. Die Firma wird daher oftmals als »Inklusion-Champion« bezeichnet. In Wirklichkeit wollen allerdings autochthone, »weiß gelesene« Niederländer:innen gar nicht dort arbeiten, unter diesen Bedingungen von nicht vorhandenen Aufstiegsmöglichkeiten, Bezahlung unter dem Mindestlohn, massivem Zeitdruck. Über Recruiting-Firmen bekommt das Unternehmen Saisonarbeiter:innen aus Osteuropa. Das führt dann zu dieser diversen Belegschaft mit ganz vielen unterschiedlichen ethnischen und religiösen Hintergründen, ganz vielen verschiedenen Sprachen. Der Betrieb reagiert darauf mit einer bestimmten Form des Diversity-&-Inclusion-Managements. Aber am Ende des Tages wollen sie einfach, dass die Leute unter diesen schlechten Arbeitsbedingungen standardisierte und durchgetaktete Reinigung vornehmen. Ich schließe daraus, dass man nicht verallgemeinern kann, ob Diversity-Managment gut oder schlecht ist, sondern die Frage ist immer: Wie und wofür wird das benutzt? In dem konkreten Fall wird das benutzt, um Arbeit zu verteilen, die unter diesen Bedingungen eigentlich niemand machen möchte.

Lindner: An diesem Beispiel sieht man so deutlich, dass Diversity-Politik, Gleichstellungspolitik, Identitätspolitik kein Widerspruch zu den anderen großen Fragen von Arbeit und Verteilung ist. Da geht es um Fragen des Mindestlohns, um Fragen der Arbeitszeit und Arbeitsgestaltung, um die Verteilung von Armut und Reichtum. Was uns hier weiterbringen wird, ist, wenn wir das Verbindende im Blick behalten. Der ÖGB und die Arbeiterkammer sind seit 2017 wieder auf der Regenbogenparade – und zwar nicht deswegen, weil das alles lustig und bunt ist, sondern weil sie dort ganz gezielt Menschen im Bereich der Arbeitswelt ansprechen wollen. In den großen Unternehmen – Erste Bank zum Beispiel oder Raiffeisen Bank – bilden sich zusätzlich zu den bestehenden Betriebsräten auch Community-Initiativen, die eigentlich ganz klassische Gewerkschaftsarbeit machen:

Wenn zum Beispiel Partner:innen von Schwulen und Lesben nicht zur Weihnachtsfeier eingeladen werden, ihnen nicht zur Hochzeit gratuliert wird oder manchmal nicht sehr subtile Diskriminierungen im Arbeitsalltag passieren. Ich sehe das als Chance, uns auch hier als Gewerkschaften und als Sozialdemokratie einzubringen. Der Anspruch der Sozialdemokratie kann ja nur sein, dass alle Menschen ein gutes Leben haben.

Die Coronakrise wurde schon oft als Brennglas oder Kontrastmittel für gesellschaftliche Ungleichheiten bezeichnet, weil bestehende Ungleichheiten deutlicher sichtbar werden. Laura, du hast untersucht, wie sich diese Ungleichheiten auf die Mobilität ausgewirkt haben. Was habt ihr da herausgefunden?

Dobusch: Es gab ein paar Studien im Frühling 2020, während des ersten Lockdowns. Wir haben diese ersten Ergebnisse zusammengetragen und analysiert. Deutlich wurde dabei vor allem, dass wir alle als Gesellschaftsmitglieder voneinander und von einer funktionierenden sozialen Infrastruktur abhängig sind – aber nicht alle den gleichen Teil dazu beitragen, dass diese Infrastruktur funktioniert. Die Kassiererin und die Altenpflegerin mussten rausgehen und sich der Ansteckungsgefahr aussetzen, während jene mit Homeoffice-tauglichen Jobs daheim in Sicherheit bleiben konnten. Das Extrembeispiel waren die rumänischen Erntehelfer:innen, die eingeflogen wurden, und die slowakischen Pflegerinnen, die ohne Bezahlung in Quarantäne gesteckt wurden – und deren eigene Kinder und ältere Angehörige in ihrem Herkunftsland ja auch Betreuung brauchen. Da wurde für bestimmte Gruppen Mobilität erzwungen und für andere das Zuhausebleiben ermöglicht, und zwar mit ungleichheitsverstärkenden Konsequenzen.

Lindner: Auch hier sehen wir mittlerweile, dass die Einschränkung der Mobilität gerade junge Menschen sehr stark getroffen hat. Das hängt wiederum sehr stark damit zusammen, wie viel Wohnraum – und Grünraum – diese Menschen für sich zur

Verfügung hatten. Und es hängt auch mit Themen zusammen, die die LGBTIQ+ Community betreffen: Wie ist es jungen Menschen im Outing-Prozess von zu Hause aus gegangen, ohne die Möglichkeit, ihre Freund:innen zu treffen – auch Freundeskreise können Safe Spaces sein. Die psychische Krise unserer jungen Menschen wird uns in den nächsten Jahren weiterhin beschäftigen. Studien zeigen uns, dass viel mehr Jugendliche Depressionen und Suizidgedanken haben als zuvor, und wir wissen, dass der Anteil an Jugendlichen mit Suizidgedanken bei Menschen in der Community ohnehin um ein Vielfaches höher ist.

Dobusch: Das auf jeden Fall; gleichzeitig gab es aber auch positive Entwicklungen durch die Coronakrise. Die technologischen Möglichkeiten zur Inklusion von behinderten Menschen konnten durch den Zwang zur digitalen Kommunikation viel besser genutzt werden. In meinem Bereich, der Wissenschaft, konnte man an internationalen Konferenzen teilnehmen, ohne große geografische Distanzen zu überwinden, oft waren auch die Konferenzgebühren deutlich niedriger. Das hat Teilhabemöglichkeiten für Menschen aus dem Globalen Süden geschaffen. Diese Teilhabemöglichkeiten müsste man weiter aufrechterhalten und ausweiten. Wir sehen allerdings, dass diese Gruppen durch die Rückkehr zur »Normalität« oft wieder mit denselben Ausschlussbedingungen konfrontiert sind wie zuvor.

Lindner: Das wird eine große Frage sein: Merken wir uns das, was in den letzten zwei Jahren passiert ist? Und schaffen wir es, daraus Schritte in Richtung Verteilungsgerechtigkeit abzuleiten? Wir haben gesehen, wovon und von wem wir alle abhängig sind. Es wurden auf einmal Berufsgruppen sichtbar, die früher unsichtbar waren; die Ungleichheiten und Ungerechtigkeiten konnten deutlich benannt werden. Und gleichzeitig sind aber diese Ungerechtigkeiten noch viel größer geworden. Es gibt einige wenige Krisengewinner:innen, die wirklich Millionen gescheffelt haben, und ganz viele Krisenverlierer:innen. Die Politik muss jetzt aus den

Fehlern lernen, die begangen wurden, diese Fehler wiedergutmachen und die richtigen Antworten geben.

Dobusch: Dem stimme ich völlig zu – und das ist insofern besonders wichtig, als die Coronakrise ja nicht die einzige Krise ist, mit der wir momentan konfrontiert sind. Auch die Klimakrise ist durch und durch von sozialen Ungleichheiten bestimmt: Wir wissen, dass die reichsten zehn Prozent der Weltbevölkerung für mehr als die Hälfte der CO_2-Emissionen verantwortlich sind und dass die ärmeren Menschen schon jetzt die Hauptlast der Klimaerhitzung tragen. Und wir wissen, wenn wir uns den aktuellen Klimabericht ansehen, dass die Politik jetzt handeln muss. Da geht es auch um Verhandlungen darüber, wer wie viel zurückstecken muss, welche Formen von Verzicht nötig sind und für wen – und welche Auswirkungen das auf Fragen von Teilhabe und Lebensqualität hat, sowohl für unsere Generation, aber natürlich auch für die nachfolgenden Generationen.

Lindner: Wenn man das nur aus der Klimaperspektive sieht, dann ist es eine reine Verzichtsdebatte, die man führen müsste. Aber wir diskutieren ja nicht nur über die Klimakrise, wir diskutieren auch darüber, wie wir die Arbeitswelt in Zukunft gestalten wollen, wie wir unsere Gesellschaft insgesamt gestalten wollen. In Wahrheit sprechen wir also von einer Alternativenpolitik: Wenn wir beispielsweise über einen autofreien Tag pro Woche reden, dann reden wir auch über die 4-Tage-Woche. Wenn wir darüber sprechen, ob sich die Menschen Bio-Produkte im Supermarkt kaufen können, dann reden wir auch über das Einkommen der Leute und darüber, wer sich was leisten kann. Der progressive Zugang ist, die Sachen gemeinsam zu diskutieren: Verteilungsgerechtigkeit, Diversitätspolitik und Klimapolitik.

Über die Personen

Laura Dobusch ist Universitätsassistentin am Sustainable Transformation Management Lab der Universität Linz. In ihrer Forschung beschäftigt sie sich mit Fragen von Inklusion / Exklusion, mit Ungleichheiten und Klimagerechtigkeit in Organisationen sowie mit der Bedeutung von Digitalisierung in diesen Zusammenhängen. Sie ist Teil des wissenschaftlichen Netzwerks des Karl-Renner-Instituts.

Mario Lindner ist Nationalratsabgeordneter und SPÖ-Bereichssprecher für Gleichbehandlung, Diversität und LGBTIQ+. Er ist Bundesvorsitzender der SoHo (Sozialdemokratische LGBTIQ-Organisation in Österreich), sowie Regionalsekretär des ÖGB in Liezen und dort auch Regionalvorsitzender der SPÖ. Von 2015 bis 2017 war er Mitglied, 2016 Präsident des Österreichischen Bundesrates.

V.

POLITIKMACHEN

RECHTSPOPULISMUS: SCHAMLOSE NORMALISIERUNG VERSTEHEN UND BEKÄMPFEN

Was passiert, wenn rechtsextremen Äußerungen nichts Wirksames entgegengesetzt wird – sondern stattdessen Parteien und Medien auf den Zug der FPÖ aufspringen? Ruth Wodak (emeritierte Professorin und Sprachwissenschafterin) und Sabine Schatz (SPÖ-Nationalratsabgeordnete und Sprecherin für Erinnerungskultur) analysieren Prozesse der Normalisierung und diskutieren politische Handlungsoptionen. Das Gespräch wird zu einem Streifzug durch die österreichische und europäische Nachkriegsgeschichte mit vielen Parallelen über Raum und Zeit.

21. Jänner 2020, Wien (Parlament)

Wie ist Rechtspopulismus für euch zu einem Schwerpunkt-Thema geworden?

Schatz: Ich bin politisch aktiv, seit ich 16 war, damals war ich in der Sozialistischen Jugend Mauthausen organisiert. Ich bin drei Kilometer neben der Gedenkstätte Mauthausen aufgewachsen. Von Beginn meiner politischen Tätigkeit an war ein Themenschwerpunkt für mich immer auch der Kampf gegen Rechtsextremismus in Verbindung mit Erinnerungsarbeit. Das hat mich seitdem mein ganzes politisches Leben lang begleitet.

Wodak: Ich habe sowohl einen biografischen als auch einen wissenschaftlichen Zugang dazu. Einerseits bin ich selber ein Kind von Flüchtlingen, die 1938 aus Österreich geflohen sind, später sind wir dann zurückgekehrt. Ich habe 1968 zu studieren begonnen, bin also in die 68er-Atmosphäre hineingewachsen. Mit Waldheim 1986 (Anm.: Debatte um eine frühere Beteiligung des damaligen

Bundespräsidenten an NS-Kriegsverbrechen) war schlussendlich ein Punkt erreicht, wo ich gedacht habe, jetzt muss ich mich auch wissenschaftlich mit Vergangenheitspolitik auseinandersetzen, weil sonst halte ich es in Österreich nur mehr schwer aus. Wir haben dann ein großes Forschungsprojekt über Nachkriegsantisemitismus durchgeführt. Und gleichzeitig, 1986, ist Haider groß geworden. Haider war ja tatsächlich ein charismatischer Politiker, sicher neben Bruno Kreisky der geschickteste Rhetoriker der Zweiten Republik; er ist sehr, fast unheimlich, innovativ mit Sprache umgegangen. Das war sowohl wissenschaftlich sehr herausfordernd als auch für mich persönlich wichtig, mich damit zu beschäftigen. Mir war damals klar, das ist ein neues Narrativ, das jetzt mit Haiders Positionen sichtbar wird; da kommt etwas hoch, was vorher nur sehr vereinzelt sichtbar war.

Und das beobachten Sie bis heute.

Wodak: Ja, das passiert in Wellen, und es hört nicht auf. Schwarz-Blau I war ein Schock. Also dass das möglich ist! Meine Mutter hat damals jeden Tag angerufen, wie schon 1986 während der Waldheim-Affäre: »Soll ich wieder meinen Koffer packen?« Das hat auch mir wirklich Angst gemacht.

Schatz: Die Empörung bei Schwarz-Blau I war ja noch viel größer als 2017 bei Schwarz-Blau III. Und das, obwohl die FPÖ ja mit den vielen Burschenschaftern in ihren Reihen in der Zwischenzeit noch einmal ein Stück weiter nach rechts gerückt ist. Und auch die ÖVP unter Sebastian Kurz ist zu einer rechtspopulistischen Partei geworden. Was ich also erschreckend finde, ist die Entwicklung, die Österreich in den letzten Jahrzehnten durchgemacht hat. Es gab einen gesamtgesellschaftlichen Rechtsruck, der hat sich in den beiden Jahren der türkis-blauen Regierung noch einmal beschleunigt. Die Grenzen dessen, was man öffentlich sagen kann, wurden deutlich nach rechts verschoben. Wir haben gezählt: Seit der Regierungsangelobung im Dezember 2017 gab es 76 rechtsextreme, rassistische und antisemitische Vorfälle in der FPÖ, wo Funktionär:innen involviert waren. Von der ÖVP hat es auf keinen dieser Vorfälle eine Reaktion gegeben.

Wodak: Das ist genau das, was ich jetzt untersuche: Wie sich solche Prozesse der Normalisierung entwickeln. Sehr deutlich kann man das ja auch in Bildern, Plakaten und Slogans wahrnehmen. Sebastian Kurz verwendete während der Wahlauseinandersetzung 2019 dasselbe Plakat wie Haider 1999 und Kickl 2019: »Einer, der unsere Sprache spricht.« Über diese seltsame Koinzidenz schreibe ich übrigens in der Neuauflage meines Buches »Politik mit der Angst«.

Wie untersuchen Sie diese Prozesse der Normalisierung?

Wodak: Es gibt ein wichtiges Modell von Jürgen Link, einem deutschen Kulturwissenschafter, an dem ich mich orientiere. Link schreibt zwar schrecklich kompliziert, aber das Modell ist recht plausibel und einfach. Die Frage ist, rein statistisch gesehen, in Parteiprogrammen, Aussagen von Politiker:innen, Medienberichten: Was kommt häufig vor? Was liegt innerhalb der statistischen Norm? Er geht von einer Normalverteilung aus, es gibt also eine Mitte, den Mainstream, und es gibt Extreme an den Rändern, links und rechts. Und es kommt zu Verschiebungen. Es ist natürlich nicht alles schlecht, was normalisiert wird. Zum Beispiel bei den Themen Geschlechtergerechtigkeit oder Homo-Ehe: Da sind Forderungen aus Tabubereichen letztendlich in die Normalität gewandert. Und jetzt erkennen wir vor allem Verschiebungen nach rechts. Die Ausgrenzung von Fremden ist ja auch nichts Neues; »fremd« sind halt immer unterschiedliche Gruppen. Früher Juden:Jüdinnen und Roma, jetzt Arbeitslose und Bettler:innen, und vor allem Muslim:innen und arme Migrant:innen. Jetzt verschiebt sich diese Normalverteilung nach rechts, sodass es jetzt wieder normal geworden ist, bestimmte Gruppen willkürlich auszugrenzen. Wobei auch klar ist: Diese Entwicklung hat schon vor Längerem begonnen.

Ein Kollege von mir hat sich zum Beispiel den Bereich Fremden-gesetzgebung genau angeschaut. Diese hat sich ja nicht von heute auf morgen so verschärft, sondern das hat langsam, schon Ende der 1980er begonnen.

Damals war aber die FPÖ noch lange nicht in der Regierung.

Wodak: Genau. Und an diesen Verschiebungen waren auch SPÖ-Innenminister beteiligt. Man hat damals gedacht, wenn man solche Gesetze und Politiken verschärft, hält man die Wähler:innen bei der Stange. Das hat sich aber als gewaltiger Irrtum erwiesen: Die Wähler:innen gehen meist lieber zum Schmied als zum Schmiedl.

Schatz: Ich orte einen großen Fehler der Sozialdemokratie darin, zu glauben, man wird wieder stärker, indem man auf der rechten Wiese grast. Die rechte Wiese passt ideologisch nicht zu uns, weil sie sich nicht mit unseren Grundwerten verträgt. Wir sind aus unserer Tradition heraus eine antifaschistische Partei. Wir vergrämen unser Grundpotenzial an Wähler:innen und Unterstützer:innen, wenn wir diese rechte Wiese abgrasen. Es unterstützt niemand die Sozialdemo-kratie, weil wir die besseren Rechten wären. Rechtsextremismus ist ein gefährliches gesellschaftliches Problem und muss auch als solches behandelt werden, gerade von uns.

Du hast dafür einen Aktionsplan gegen Rechtsextremismus ausgearbeitet.

Schatz: Genau, in dem sind mehrere Maßnahmen enthalten, und es bedarf auch wirklich einer breiten Palette. Das reicht von Aus-stiegsberatung für Rechtsextreme über Aufklärungsarbeit an Schulen bis zum sofortigen Verbot rechtsextremer Veranstaltungen und dem Ende öffentlicher Inserate in rechtsextremen Medien.

Was kann die Sozialdemokratie tun, um Wähler:innen nicht an rechts zu verlieren?

Schatz: Ich verweise aktuell immer auf das Beispiel Portugal, weil man dort sieht: Wenn man gegen rechte Politik aktiv werden will, dann braucht es einfach eine konsequent sozialdemokratische Politik.

Was wir in Österreich erleben, ist, dass Bevölkerungsgruppen gegeneinander ausgespielt werden: Mindestpensionist:innen gegen Arbeitslose, Arbeitslose gegen Migrant:innen und so weiter. Gleichzeitig wird massiv von unten nach oben umverteilt, was genau diesen Gruppen schadet. Die da oben lachen sich eins, während sich die da unten gegeneinander aufhetzen lassen. Gleichzeitig werden Kürzungen im Sozialbereich durchgeführt. Was Portugal macht, ist das genaue Gegenteil: Es wird massiv in Infrastruktur, in den Sozialstaat und in neue Arbeitsplätze investiert. Rechtspopulismus findet dort eigentlich nur marginal Platz. Das heißt: Um aktiv gegen Rechte vorgehen zu können, müssen wir uns eigentlich nur darauf besinnen, aus welchem Grund wir vor 130 Jahren gegründet worden sind. Nämlich für eine Politik für jene Menschen, die es sich eben nicht selbst richten können.

Wodak: Ich teile völlig diese Meinung. Aber ich denke auch, dass die Sozialdemokratie es versäumt hat, eine klare Stellungnahme zur Frage der Zuwanderung zu geben, eine klare Position einzunehmen. Ich beobachte das jetzt seit vielen Jahren. 1989, als der Eiserne Vorhang gefallen ist, gab es eine richtige xenophobe Welle in Österreich. Zuerst viel Mitleid, alles war zunächst toll, etwa dass der Stacheldraht an der ungarisch-österreichischen Grenze zerschnitten wurde und so weiter. Aber das hat sich sofort drastisch geändert, sobald manche Rumän:innen begonnen haben, Österreich anzupeilen, auch Ungar:innen, Tschech:innen und Pol:innen. Seit damals gibt es eigentlich keine klare Linie der Sozialdemokratie: Was machen wir, wenn diese Leute kommen? Geflüchtete sind die eine Kategorie, da gibt es eindeutige Menschenrechte und die Genfer Flüchtlingskonvention. Aber was macht man mit den Arbeitsmigrant:innen? Also mit Leuten, die hier arbeiten wollen, um ein besseres Leben für sich und ihre Kinder zu erwirken. Da muss man ein klares Konzept formulieren und dies nicht nur den rechts stehenden Parteien überlassen. Das fehlt. Und solange die Sozialdemokratie ein solches nicht besitzt, wird sie immer überspielt werden.

Schatz: Ähnlich kann man ja auch das Jahr 2015 beschreiben. Wir erinnern uns an die Flüchtlingsbewegung, den »Sommer der Migration«, wo es große Solidarität in der Bevölkerung gegeben hat. Vielleicht auch noch unter dem Eindruck von dem LKW in Parndorf mit 71 Toten. Dieser Vorfall hat uns alle schockiert. Da hat die SPÖ sich, mit Faymann an der Spitze, sehr solidarisch gezeigt. Aber als sich dann insgesamt der Diskurs gewandelt hat in der Gesellschaft, auf Druck der Rechten, hat sich das auch in der SPÖ entsprechend verändert. Wir haben uns als Gesamtpartei nie getraut, diese heiße Kartoffel der Migration entsprechend zu thematisieren und eine klare Position zu finden. Weil eben die Sozialdemokratie insgesamt bei diesem Thema gespalten ist.

Der Diskurs 2015 war das Thema Ihres Forschungsprojekts »Zur diskursiven Konstruktion österreichischer Identität/en«. Was haben Sie dabei herausgefunden?

Wodak: Wir haben den Diskurs 2015 in unserem Projekt ganz genau untersucht, wir haben Tag für Tag die Medien – Zeitungen, Fernsehnachrichten und so weiter – in ganz Österreich analysiert. Man darf nicht vergessen: Es gab ja 2015 vier Landtagswahlen, nämlich im Burgenland, in Oberösterreich, in der Steiermark und in Wien. Unsere Analyse hat gezeigt: Außer in Wien haben sich alle an den FPÖ-Diskurs angepasst, und zwar teilweise von Anfang an. Schon im Frühjahr hat der damalige steirische Landeshauptmann Voves begonnen, von der sogenannten »Integrationsunwilligkeit« zu sprechen – das ist in der Folge ein wichtiges Schlagwort geworden, um die Wähler:innen bei der Stange zu halten. Das hat aber letztlich nichts genützt. Ähnlich in Oberösterreich und im Burgenland. Nur in Wien nicht. Die Wiener SPÖ, der damalige Bürgermeister Häupl, hat ständig betont: »Wir bewahren Haltung.« Dann geschah aber »Köln«. Und man kann den Umschwung, den sogenannten Frameshift im Diskurs 2015/16 nicht verstehen, ohne die Vorfälle in der Silvesternacht 2015/16 in Deutschland einzubeziehen.

Aber dieser plötzliche diskursive Umschwung von Solidarität und Willkommenskultur zu Grenzschutz und Abschottung ist ja schon davor passiert, vor Köln.

Wodak: Ja, aber nicht bei der SPÖ. Der damalige Bundeskanzler Faymann hat die Willkommenskultur durchgehalten, mit der Hilfe des damaligen Bundespräsidenten. Heinz Fischer hat sich dazu mehrfach ganz eindeutig geäußert. Das war die Parteilinie im Herbst, trotz des Sagers »Tür mit Seitenteilen«. Dann passierte aber Köln. Damit sind die Medien in ihrer Positionierung einfach umgefallen. Die Geschehnisse in Köln wurden politisch instrumentalisiert, die Angst vor den »fremden Männern«, die sozusagen »unsere deutschen Frauen« jetzt bedrohen.

Schatz: Das erleben wir ja immer wieder, dass Gleichberechtigung und Gewaltschutz instrumentalisiert werden für fremdenfeindliche Argumente. Das kann man auch an der aktuellen türkis-grünen Regierung ablesen, in der das Frauenministerium im Integrationsministerium angesiedelt ist. Die Aussage ist: »Wir importieren Machokulturen, die Zugewanderten haben, was Emanzipation betrifft, noch großen Aufholbedarf.« Als wären Frauen und Männer in Österreich ohne Zuwanderung schon gleichberechtigt. Da wird die seit Jahrhunderten bestehende Unterdrückung und Diskriminierung von Frauen einfach auf Migrant:innen und auf Asylwerber:innen geschoben.

Sie verwenden dafür den Begriff der »schamlosen Normalisierung«.

Wodak: Was ich damit beschreibe, sind Enttabuisierungen, auf die kaum reagiert wird; diese werden akzeptiert. Trump ist ein sehr gutes Beispiel. Er beleidigt, er beschimpft, er lügt, er macht alles, was »man nicht macht«, und er kommt damit durch. Das ist einmal die erste Ebene: Durchbrechen sämtlicher Konventionen, die wir kennen. Das zweite Phänomen, das betont werden muss, ist der wachsende offene Rassismus, Antisemitismus, Sexismus, die Homophobie. Also wenn zum Beispiel Jarosław Kaczyński, der ehemalige Ministerpräsident von Polen, über »Parasiten« redet und Migrant:innen meint, und es passiert nichts, das ist doch sehr bedenklich. Das ist immerhin die polnische Regierungspartei! Der dritte Faktor betrifft die Aushöhlung von Parlamentarismus und wissenschaftlicher Expertise. Beispielsweise beim Thema Deutschförderklassen: Die Sprachwissenschaft rennt Sturm, wir schreiben lange, differenzierte wissenschaftliche Gutachten, es gibt eine Sitzung – und Bildungsminister Faßmann kommt in die Sitzung hinein und sagt »Es gibt auch andere Experten. We agree to disagree.« Damit waren die Gutachten weg vom Tisch. Das sind alles Normbrüche, die im Nachkriegskonsens höchst unerwartet sind – und der große gesellschaftliche Aufschrei bleibt aus oder wird nicht sichtbar. Gleichzeitig spricht das auch viele an. Normbrüche sind sehr attraktiv für viele, das hat auch etwas Befreiendes.

Was kann man dem entgegensetzen? Einer Befreiung kann man wenig entgegensetzen, oder?

Schatz: Vor allem darf man diese Sachen einfach nicht zur Normalität werden lassen. Bei manchen dieser rechtsextremen, antisemitischen oder rassistischen Vorfälle in der letzten türkis-blauen Regierung gab es zwar ein bisschen Empörung – aber eben nur dann, wenn das auch in internationalen Medien aufgegriffen wurde, zum Beispiel bei der Liederbuchaffäre. Unsere Aufgabe ist, diese Dinge eben nicht in die Normalität aufzunehmen, uns über jeden »Einzelfall« – der ja kein Einzelfall ist – zu empören. Und auch zu begründen, warum es wichtig ist, das zu tun.

Wodak: Das Problem ist nur, man kann sich ja nicht 24 Stunden sieben Tage in der Woche empören. Das geht nicht. Wir haben ja auch noch anderes im Alltag vor.

Schatz: Ja, beim Empören kann es nicht aufhören. Es geht auch darum, als Sozialdemokratie wieder eine Geschichte zu erzählen, und zwar eine Geschichte mit Zukunftsvision: Wie stellen wir uns in Zukunft die Gesellschaft, das Zusammenleben, die Arbeitswelt vor? Diese Vision müssen wir konsequent erzählen, statt nur auf das zu reagieren, was uns vorgesetzt wird. Hinter dieser Erzählung muss man dann auch stehen und darf nicht abrücken, sobald der Wind ein bisschen nach rechts dreht.

Zu den Personen

Ruth Wodak ist mehrfach ausgezeichnete Sprachwissenschafterin und emeritierte Professorin der Universität Wien und der Lancaster University. Sie ist Mitbegründerin der Kritischen Diskursanalyse und wendet dieses Forschungsprogramm unter anderem auf die Analyse von Rechtspopulismus und Geschlechterverhältnissen an. Ihr Buch »Politik mit der Angst« wurde 2017 zum Wissenschaftsbuch des Jahres gekürt; 2020 wurde sie für ihr Lebenswerk mit dem Bruno-Kreisky-Preis ausgezeichnet.

Sabine Schatz ist Abgeordnete der SPÖ zum Nationalrat und Bereichssprecherin für Erinnerungskultur. Ihr politisches Engagement begann in der Sozialistischen Jugend. Als Mauthausen-Guide führt sie Besucher:innengruppen durch die Gedenkstätte Mauthausen. Darüber hinaus war sie Initiatorin eines Denkmals für die Opfer der sogenannten »Mühlviertler Hasenjagd«.

SOZIALE ARBEIT UND POLITIK: IM AUFTRAG DER MENSCHENRECHTE

Was haben Politik und Soziale Arbeit gemeinsam? Mit dieser Frage setzen sich in diesem Gespräch Anna Riegler (Erziehungswissenschafterin an der FH JOANNEUM Graz) und Roland Fürst (Landesgeschäftsführer der SPÖ Burgenland) auseinander. Sie diskutieren dabei auch die Rolle von politischem Bewusstsein in der Sozialen Arbeit, Mindestlohn und Pflegeorganisation sowie den Zusammenhang zwischen einerseits der Art, wie über Probleme gesprochen wird, und andererseits den konkreten politischen Maßnahmen, die getroffen werden.

25. Juni 2020, online

In dem Forschungsprojekt »De-Konstruktion von Differenz in der Sozialen Arbeit« habt ihr die Rolle von Sozialarbeiter:innen untersucht: Wie gehen sie mit Diversität um, wie tragen sie zur Überwindung – aber auch zur Verstärkung – von sozialen Unterscheidungen bei? Meine erste Frage an dich, Anna: Was hat dich motiviert, dieses Thema zu beforschen?

Riegler: Mir hat es keine Ruhe gelassen, warum bei Diskussionen die Emotionen so hochgehen, wenn es um Migration oder um die Kopftuchdebatte geht – nämlich auch innerhalb der Kolleg:innenschaft in der Sozialen Arbeit. Ich habe mich gefragt: Wieso werden bei uns, in unserem Berufsfeld, öffentliche Diskurse auch so stark reproduziert? Auf der anderen Seite wird nämlich davon geredet, dass wir eine Menschenrechtsprofession sind, uns also den Menschenrechten verpflichtet fühlen. Diese Überlegung hat mich dazu gebracht, mir anzuschauen: Wie wird Differenz produziert, auch in der Sozialen Arbeit? Wie wirkt sich das auf die Arbeit mit den Klient:innen aus? Und wie stark arbeiten Sozialarbeiter:innen in der Praxis aber auch an der Dekonstruktion von Differenz? Dieses Forschungsprojekt war mir ein großes Anliegen, weil ich glaube, dass Soziale Arbeit standpunktsensibel auf Missstände hinweisen muss und damit auch ganz viel mit Politik zu tun hat.

Roland, siehst du das auch so?

Fürst: Ich hatte ja den wunderschönen Auftrag, bei uns an der FH im Burgenland den Studiengang und das Department Soziale Arbeit zu gründen. Da hatte ich den Anspruch, dass wir ein sehr politischer Studiengang sind, orientiert an Sozialer Arbeit als Menschenrechtsprofession. Mit der Zeit habe ich mich aber auch immer stärker mit dem pragmatischen Zugang angefreundet, der sagt, dass sich die Soziale Arbeit mit diesem Anspruch übernimmt. Meine Conclusio ist, dass ich mit beidem recht gut leben kann. Ich merke aber schon, dass es eine Entpolitisierung innerhalb der Sozialarbeit gegeben hat.

Riegler: Ich glaube, dass diese Entpolitisierung fatale Folgen hat. Ich finde es wichtig, dass man sich immer bewusst ist, dass man sich auf einem bestimmten Punkt in der Geschichte befindet. Das meine ich mit Standpunktsensibilität. In der NS-Zeit beispielsweise hat auch die Soziale Arbeit eine furchtbare Rolle gespielt, sie hat mitgeholfen, »lebenswertes« von »lebensunwertem« Leben auszusortieren. Quer über die Parteien hinweg gab es die Einstellung, dass es »höherwertiges« Leben gibt. Und das wirkt auch heute noch fort, in der Auseinandersetzung mit »normal« und damit »höherwertig« auf der einen Seite, und »abnormal« und damit »minderwertig« auf der anderen Seite. Das wirkt auch auf die Soziale Arbeit ein. Von ihr wird erwartet, sie soll das, was außerhalb ist, was »abnormal« ist, ins Normale »integrieren«. Beim Begriff der »Integration« geht es hier nicht nur um Migration, sondern auch um Gesundheit / Krankheit und Ähnliches. Und da brauche ich als Sozialarbeiterin ein politisches Bewusstsein: Ein Verständnis von

Sozialer Arbeit, die an Menschenrechten und Gerechtigkeit orientiert ist, die den Menschen zugutekommt und die Unterschiedlichkeit als Normalität anerkennt.

Soziale Arbeit muss den Staat und Gesetze einerseits, die Interessen der Klient:innen andererseits vertreten. Und sie ist zusätzlich noch ethischen Prinzipien, also den Menschenrechten, verpflichtet. Kann man das Gleiche auch für Politik sagen?

Fürst: Ich will, um diese Frage zu beantworten, gerne aufgreifen, was im vergangenen Jahr im Burgenland passiert ist: Der Landeshauptmann und Parteivorsitzende Doskozil hat mit dem Mindestlohn begonnen – also damit, nicht nur darüber zu reden, sondern ihn auch umzusetzen. Er will nicht, dass es in Österreich, konkret im Burgenland, jemanden gibt, der Vollzeit arbeitet und weniger als 1.700 € netto verdient. Was mich dann aber doch überrascht hat, war, welchen Widerstand das ausgelöst hat. Aber nicht nur bei der ÖVP, der Industriellenvereinigung, der Wirtschaftskammer – sondern teilweise auch bei den eigenen Leuten.

Worauf führst du das zurück?

Fürst: Für mich wurde dadurch deutlich, dass auch wir in der Sozialdemokratie uns mit vielen Ungerechtigkeiten und scheinbaren Zwängen schon abgefunden haben. Mit dieser einen Maßnahme ist also etwas Gewaltiges passiert. Das finde ich momentan sehr, sehr spannend. Dasselbe mit der Gemeinnützigkeit: Wir sagen, wir wollen nicht, dass mit Pflege Gewinn gemacht wird, und werden daher im Burgenland den Pflegebereich bis 2024 gemeinnützig organisieren. Also das sind für mich soziale Innovationen, die sehr stark mit dem zu tun haben, wie ich Politik verstehe – und auch wie ich Sozialarbeit verstehe: nämlich authentisch und glaubwürdig und in einer Art, wo wirklich die Interessen der Menschen im Mittelpunkt stehen und sonst nichts. Insofern ja, da gibt es sehr viele Parallelen. Ein:e gute:r Politiker:in, ist auch gleichzeitig ein:e gute:r Sozialarbeiter:in.

Riegler: Die Soziale Arbeit teilt der Politik Missstände mit, da sehe ich uns eher als Expert:innen, die Wissen zur Verfügung stellen können, aber nicht als diejenigen, die Politik gestalten. Um in der Arbeit mit Familien, mit Gruppen oder mit Einzelnen entsprechende Diagnosen stellen zu können, braucht man ein gutes Begründungswissen, und das kann man auch der Politik zur Verfügung stellen.

Bevor wir uns näher mit diesem Begründungswissen beschäftigen, noch eine Frage zum Thema der Authentizität, die du angesprochen hast, Roland. Was meinst du damit?

Fürst: Ich halte Doppelmoral und Heuchelei nicht aus, und ich tue mir immer schwer, wenn moralische Entrüstung so inszeniert wird, dass mitunter ein Stück weit Unehrlichkeit mitschwingt. Ein Beispiel: Wir haben jetzt eine türkis-grüne Koalition auf Bundesebene, die so viel Irrsinn baut in der Covid-Krise. Alle Verbesserungsvorschläge, was soziale Gerechtigkeit betrifft, Arbeitslosengeld und so weiter, werden niedergestimmt. Die Grünen stimmen überall mit, stellen dabei selbst die SPÖ noch in den Schatten, wie wir mit der ÖVP in der Regierung waren. Dann sagt der ÖVP-Landesrat in Tirol bei irgendeiner Veranstaltung zu einer Aktivistin »widerwärtiges Luder«. Das ist zu verurteilen, das ist unglaublich. Punkt. Völlig klar. Aber dieser eine Vorfall war dann für die Grünen Anlass genug, einen Koalitionsausschuss einzuberufen. Nicht das, was vorher passiert ist, auch nicht das, was jetzt passiert. Noch einmal: So darf man nicht reden, das ist zu verurteilen, das repräsentiert einen patriarchalen Umgang. Aber hier die Koalitionsfrage zu stellen und auf der anderen Seite eine Politik mitzutragen, die die ökonomisch Schwachen nicht schützt, ganz im Gegenteil …

Riegler: Ob jemand in Armut lebt oder nicht, hängt aber eben auch damit zusammen, wie ich über ihn spreche. Wenn Migrant:innen die Familienbeihilfe gekürzt wird: So ein Gesetz entsteht aus einem Diskurs heraus, dass Migrant:innen weniger Geld, Achtung, Respekt verdienen würden als Österreicher:innen. Aus diesem Diskurs heraus entsteht soziale Ungerechtigkeit.

Fürst: Das hat schon alles seine Richtigkeit, aber ich will betonen: Uns ist das Sein wichtiger als der Schein. Das merken die Leute auch – sonst hätten wir im Burgenland nicht die absolute Mehrheit bekommen. Die Wähler:innen spüren, da gibt es jemanden, der meint es sehr ernst. Ich wehre mich eben dann, wenn Political Correctness die Politik ersetzt, wenn man sich um irgendwelche Schauplätze streitet, die für Menschen nicht wichtig sind, und sich wild aneinander abarbeitet, um politisches Kleingeld zu wechseln. Und gleichzeitig wird Österreich immer mehr zu einem Land, wo die soziale Schere immer weiter auseinandergeht, wo wir wirkliche Probleme mit Altersarmut haben und vieles mehr.

Riegler: Das eine bedingt aber eben auch das andere: Wie über etwas geredet wird und welche politischen Maßnahmen getroffen werden, hängt zusammen. In unserem Forschungsprojekt hat sich auch gezeigt, wie wichtig die Art ist, in der ich bewerte und diagnostiziere, und welche Wortwahl ich treffe. Dadurch passiert etwas. Beispiel Gewalt in einer tschetschenischen Familie: Wenn in der Art, wie darüber geredet wird, Bilder reproduziert werden, dass in tschetschenischen Familien eben Gewalt herrscht und dass das »bei uns« nicht akzeptiert wird – wenn diese Art wahrzunehmen und zu reden zur Normalität wird in der Sozialen Arbeit, wenn solche Gruppenstereotypisierungen passieren: Dann ist das problematisch. Weil dann vergisst man, nachzufragen: Was ist in dem individuellen Fall los, was verursacht die Gewalt? Das muss ich nicht mit der nationalen Herkunft in Verbindung bringen. Sondern ich muss es, wie ich es in der Sozialarbeit lerne, mit der Lebenssituation in Verbindung bringen.

In eurem Forschungsprojekt habt ihr festgestellt, dass die meisten Sozialarbeiter:innen, wenn es um Diversität und Unterschiedlichkeiten geht, vor allem auf ihre eigenen biografischen Erfahrungen zurückgreifen, gar nicht so sehr auf das theoretische Wissen, das sie in ihrer Ausbildung gelernt haben.

Riegler: Auf biografische Erfahrungen wird immer zurückgegriffen, das wird auch in der sozialarbeiterischen Ausbildung in reflexiven Formaten immer angesprochen. Zum Thema Diversität und Differenz gibt es aber zu wenig professionelle Auseinandersetzung, und das führt dann zu Unsicherheit. Was wir brauchen, ist eine fehlerfreundliche Auseinandersetzung, wo man sich traut, Zweifel zu äußern und Fragen zu stellen. Beispielsweise darüber, ob unbedingt alle Mädchen am Schwimmunterricht teilnehmen müssen und ob sich alle anpassen müssen. Solche Fragen sollen dann nicht verteufelt werden, sondern es soll eine gute Reflexion ermöglichen: Woher kommt das, was sind meine Ansprüche, wie sehe ich Schulunterricht, wie sehe ich den Umgang mit Nacktheit, was bedeutet das, wenn Mädchen nicht am Schwimmunterricht teilnehmen, wie müssen sich Systeme verändern, um Gleichberechtigung schaffen zu können? Und so weiter. Dann könnte man die biografischen Erfahrungen auf einer professionelleren Ebene mit einem Begründungswissen einordnen.

Fürst: Das ist klar. Ich kann etwas nur dann vernünftig bearbeiten und die richtigen politischen Lösungen finden, wenn ich auch Probleme anspreche und nichts tabuisiere. Das ist mir auch ganz wichtig, das gehört für mich auch zu Politik dazu. Bis vor Kurzem durfte man manche Probleme in der SPÖ gar nicht ansprechen, weil man da sofort ein Rechter war, das ist automatisch gegangen. Für mich ist es auch ein wichtiger Schlüssel zum Erfolg, dass man sagt, man muss auch Probleme ansprechen dürfen, ohne dabei jedes Mal seine sozialdemokratische Gesinnung an Eides statt erklären zu müssen.

Riegler: Bei unserem Forschungsprojekt ist herausgekommen: Sozialarbeiter:innen haben betont, dass ein offener Umgang mit Unsicherheiten in Bezug auf Diversität, Rassismus, Sexismus möglich sein muss, weil wir alle in diesen Systemen drinnenstecken. Martina Tißberger beispielsweise sagt in Bezug auf kritisches Weißsein: Wir brauchen gar nichts tun, um rassistisch zu sein, denn wir sind dadurch, dass wir weiß und europäisch sind, privilegiert und damit Teil eines diskriminierenden Systems, vor allem auch, wenn Weißsein mit Männlichkeit zusammenfällt. Die Frage ist, wie diskutiert man darüber, wie spricht man diese Themen an.

Was meinst du damit konkret?

Riegler: Wenn sich eine Frau entscheidet, ein Kopftuch zu tragen, und ihr unterstellt wird, dass sie das nur tut, weil sie einem patriarchalen System unterliegt, und dass sie es sich sofort herunterreißen würde, wenn dieses System nicht mehr diese Kontrolle über sie hätte: Das ist eine Zumutung für die Betroffene. Diese Einstellung kann nur aus einer Perspektive heraus entstanden sein, die sich mit Frauen, die Kopftuch tragen, nicht beschäftigt hat. Für die betroffenen Frauen gibt es nämlich unterschiedlichste Gründe, ein Kopftuch zu tragen, wofür sie sich nicht zu rechtfertigen brauchen. Ich hätte lediglich eine Bitte an die Politik: Einfach das tun, was man von der Sozialen Arbeit auch erwartet, nämlich sich selbstkritisch mit den eigenen Vorurteilen auseinanderzusetzen. Sich zu fragen, was es mit einem Gesellschaftssystem macht, wenn ich verlange, dass Frauen kein Kopftuch tragen sollen, weil sie dadurch unterdrückt würden. Das ist ein Stereotyp. Vielmehr sollte die Politik endlich andere Diskurse produzieren und dafür sorgen, dass Frauen, die Kopftuch tragen, nicht diskriminiert werden dürfen, beispielsweise bei der Arbeitssuche.

Fürst: Um noch einmal den vorigen Punkt zu betonen: Dass für uns im Burgenland soziale Gerechtigkeit im Vordergrund steht, heißt nicht, dass wir nicht dabei sind, wenn es um Ungerechtigkeiten geht, was zum Beispiel die Transgenderdiskussion betrifft. Aber ich habe erlebt, dass sich die Prioritäten in der Politik verschoben haben. Wenn vor allem darüber diskutiert wird, wie wichtig gendersensible

Sprache in der Politik ist, und nicht mehr über die Problemlagen der Menschen; wenn wir uns damit abfinden, dass wir ein Arbeitslosengeld haben, von dem die Menschen nicht leben können, und dass wir ein riesiges Problem mit Kinderarmut haben: Da sage ich, ich will eine Prioritätenverschiebung haben. Ich will, dass das eine, gesellschaftliche Diskurse und Diversität, wichtig bleibt und thematisiert wird. Ich will aber auch, dass beim anderen, bei Fragen sozialer Ungleichheit, substanziell etwas weitergeht.

Riegler: Und genau das ist es, was wir mit dem Forschungsprojekt untersucht haben: Das Reden über etwas oder über jemanden strukturiert die sozialen Verhältnisse, das heißt, es ermöglicht oder verunmöglicht letztendlich auch die Zugänge zu sozialen, ökonomischen und Bildungsressourcen. Wenn ich also Frauen, trans- und intergeschlechtliche sowie nichtbinäre Personen sprachlich nicht berücksichtige, bedeutet das eine solche Benachteiligung. Geschlechterinklusive Sprache kann hier Abhilfe schaffen.

Zu den Personen

Anna Riegler ist Assoziierte Professorin (FH) am Institut für Soziale Arbeit der FH JOANNEUM. Sie fungiert auch als stellvertretende Leiterin des FH-Kollegiums. Zusätzlich ist sie freiberuflich tätig als Supervisorin und Organisationsentwicklerin. Sie forscht zu Anerkennung und Migration sowie zur Konstruktion und Dekonstruktion von Differenz in der Sozialen Arbeit.

Roland Fürst ist seit 2019 Landesgeschäftsführer der SPÖ Burgenland und seit Anfang 2020 Landtagsabgeordneter im Burgenland. Nach einer Schlosserlehre und einem Studium der Sozialwissenschaften leitete er den Masterstudiengang Soziale Arbeit an der FH Campus Wien und gründete anschließend an der FH Burgenland als Leiter des Department Soziales den Studiengang Soziale Arbeit, bevor er schließlich in die Politik wechselte.

STRAFRECHT ALS SPIELBALL DER POLITIK?

Das Gespräch zwischen Alexia Stuefer (Strafverteidigerin und Rechtswissenschafterin) und Selma Yildirim (SPÖ-Nationalratsabgeordnete und Justizsprecherin) fand im Oktober 2021 statt – kurz nach den durch die Wirtschafts- und Korruptionsstaatsanwaltschaft beauftragten Hausdurchsuchungen im Bundeskanzleramt und in der ÖVP-Zentrale und ein paar Tage nach dem Rücktritt von Sebastian Kurz als Bundeskanzler. Das bereits aufgeheizte Verhältnis zwischen der ÖVP und der Justiz hatte an Reibungswärme gewonnen, das Thema des Gesprächs – Strafrecht als Spielball der Politik – an tagespolitischer Relevanz und Schärfe zugelegt.

21. Oktober 2021, Wien (Karl-Renner-Institut)

Alexia, du hast gemeinsam mit deinem Kollegen Richard Soyer ein Buch veröffentlicht mit dem Titel »Der Kampf um das Strafrecht«. Für mich als Nicht-Juristin eine kurze Frage zur Einordnung: Im Zivilrecht geht es um das Verhältnis zwischen Personen, das Völkerrecht betrifft das Verhältnis zwischen Staaten und das öffentliche Recht schließlich behandelt das Verhältnis zwischen Bürger:in und Staat. Stimmt das so?

Stuefer: Genau. Mein Bereich, das Strafrecht, zählt zum öffentlichen Recht, weil hier – mit wenigen Ausnahmen – Staat und Bürger:in einander gegenüberstehen. Während das Strafrecht durch eine starre Hierarchie und ein Machtgefälle mit übermächtigem Staat gekennzeichnet ist, treffen die Parteien im Zivilrecht – jedenfalls formell – auf gleicher Stufe aufeinander.

Im Vorwort schreibt ihr, dass ihr euch Sorgen macht um das Strafrecht, um seine liberale Prägung und seine zivilisatorische Kraft. Was

*meint ihr damit? Welche Rolle hat das Strafrecht in einer liberalen Demo-
kratie, in einer zivilisierten Gesellschaft?*

Stuefer: Derzeit spielt es noch eine große und wichtige Rolle.
Nach aktueller Auffassung soll es das gesellschaftliche Zusammenleben verbessern – nicht im Sinne einer ökonomischen Optimie-
rung, sondern zum Zwecke der Konfliktvermeidung. Ich beobachte
aber mit Sorge, dass insbesondere im letzten Jahrzehnt das Strafrecht
aufgebläht und überladen wird, indem ständig neue Straftatbestände
eingeführt, also Delikte geschaffen, und die Strafdrohungen erhöht
werden. Dem Strafrecht werden gesellschaftliche Problemstellungen
zugeschoben, die es nicht lösen kann. Damit wird politisches Kleingeld gemacht, der Boulevard ist kurzfristig zufriedengestellt, aber die
Konflikte brodeln unter der Oberfläche weiter. Das Strafrecht wird so
in gewisser Weise zur Makulatur, es dient der Gewissensberuhigung
und Machtstabilisierung, während die manipulierte, oft gezielt falsch
oder unvollständig informierte Öffentlichkeit weiter mit denselben
Problemen kämpft. Eine besorgniserregende Entwicklung.

Yildirim: Was wir als SPÖ im Parlament zu dieser Anlassgesetz-
gebung immer wieder betonen: In den vergangenen 30 Jahren sind
die Ressourcen für die Justiz dermaßen gekürzt worden, dass bereits
die bestehenden Bestimmungen gar nicht zur Anwendung kommen,
weil die Staatsanwält:innen und Richter:innen nicht die Ressourcen haben, sich dem Vollzug so zu widmen, dass sie jeden Einzelfall
in entsprechender Zeit bearbeiten können. Oder auch vorgelagert
die Polizei: Die haben gar nicht ausreichende Ressourcen, um den
Schwerpunkt auf Prävention zu legen, also dafür zu sorgen, dass es
gar nicht erst zu Straftaten kommt.

Welche Arten von Straftaten meinst du?

Yildirim: Nehmen wir aus der jüngsten Vergangenheit den tra-
gischen Tod der 13-jährigen Leonie. Oder die vielen Femizide, also
Morde an Frauen, und Sexualdelikte. Jedes Mal heißt es: »Noch mehr,
noch härtere Strafen!« Wirklich wirksam wären aber viel breitere

Maßnahmen in der Sozialpolitik und Bildungspolitik, Geschlechtergerechtigkeit und Gewaltprävention. Aber da ist überall gespart und gekürzt worden. Die türkis-blaue Regierung hat 2018 demonstrativ die Mittel für progressive und emanzipatorische Frauenberatungsstellen gekürzt und gleichzeitig die Mittel für jene Familienberatungsstellen erhöht, die eher konservativen Rollenzuschreibungen entsprechen.

Stuefer: Das Sexualstrafrecht ist ein sehr gutes Beispiel: Die Politik folgt dem Ruf nach härteren Strafen, obwohl sie genau weiß, dass präsumtive Täter:innen durch die Androhung und Verhängung von Freiheitsstrafen – also Haft – nicht davon abgehalten werden, auch schwere Sexualverbrechen zu begehen. Würde die Politik »evidenzbasiert« vorgehen und sich von sachgerechten Motiven leiten lassen, würde sie auf die Wissenschaft und Forschung hören: Die Ursache des Problems liegt oft in der patriarchalen Gesellschaftsstruktur und in überkommenen Männlichkeitsbildern. Ich erlebe viele Angeklagte und Verurteilte als zutiefst verunsicherte, verzweifelte, tiefe Scham empfindende Männer. Sie sind ebenso hilfsbedürftig wie Frauen, nur bekennt sich die Gesellschaft nur zum Teil dazu. Hier besteht Handlungsbedarf. Übrigens sollten wir hier auch offen ansprechen, dass auch Frauen bei der Überwindung von patriarchalem Denken Hilfe brauchen.

Yildirim: Auf parlamentarischer Ebene setzen wir seit mehreren Jahren Initiativen für opferschutzorientierte Täterarbeit. Sinnvoll sind beispielsweise kostenfreie Antiaggressionstrainings, und zwar schon bei einer Anzeige, also noch vor einer Verurteilung, um die Gewaltspirale zu durchbrechen und zu verhindern, dass es zu einer Eskalation kommt. Diese Anträge werden im Parlament leider meistens vertagt und damit auf die »lange Bank« geschoben, also nicht umgesetzt.

In ein paar Beiträgen im Buch fordert ihr »mehr Sicherheit durch weniger Haft« und schlagt vor, öfter einen außergerichtlichen Tatausgleich anzustreben.

Stuefer: Ja. Der Grund für diese Forderung liegt in den Ergebnissen der Forschung, wonach weniger »punitive«, also weniger repressive und strafende Maßnahmen einen vergleichbaren Effekt in der Verbrechensbekämpfung erzielen. Anders gesagt, es kann Haft reduziert werden, ohne dass die Kriminalität oder das Sicherheitsrisiko steigen. Bei Gewaltdelikten sind, meiner Erfahrung nach, professionell geführte Gespräche zwischen Opfern und präsumtiven Täter:innen im Rahmen des außergerichtlichen Tatausgleichs für das Opfer immens wichtig. Das Opfer kann hier seine eigene Sicht der Dinge ausdrücken, diese Gespräche sind oft klärender und »genugtuender« als das traditionelle Strafverfahren. Der ursprüngliche Zweck des Strafverfahrens ist ja, einen strafrechtlichen Tatverdacht aufzuklären; üblicherweise beantwortet das Opfer vor Gericht Fragen, während es selbst keine Fragen stellen kann. Opferrechte haben erst relativ spät, also in den vergangenen zwei Jahrzehnten, Eingang in das Strafverfahrensrecht gefunden, meines Erachtens nicht in optimaler Form.

Solche Gespräche können aber auch zu einer Retraumatisierung von Gewaltopfern führen.

Stuefer: Ja, meines Erachtens kann eine Retraumatisierung nie verhindert werden. Die Kritik der Frauenberatungsstellen, die sich in diesem Bereich seit Jahrzehnten eine umfassende Expertise erarbeitet haben, ist sehr ernst zu nehmen. Es braucht mehr Betreuungsstrukturen, und es ist wichtig, Opfern auf Augenhöhe zu begegnen. Dabei spielt auch Sprache eine Rolle – der Begriff »Opfer« ist zum Beispiel unter Jugendlichen ein Schimpfwort. Gewaltausübung vernichtet Sprache. Es gilt, Opfern in Strafverfahren eine Stimme zu geben und für einen Rahmen zu sorgen, in dem sie ihre verletzte Würde selbst wiedererlangen können.

Wenn wir nun einen Bogen schlagen zu den laufenden Untersuchungen und Vorwürfen gegen Sebastian Kurz und sein Umfeld: Hier geht es um Korruption, und der wird strafrechtlich begegnet, richtig?

Stuefer: Es ist wichtig, sich über die Eigenart der Korruptionsdelikte im Klaren zu sein. Warum sind diese Verbrechen so schwer aufzudecken und zu bekämpfen? Das liegt unter anderem daran, dass das Opfer – meistens ist das die Allgemeinheit – gar nichts von seinem Opferstatus und vom immensen Schaden, der durch Korruption angerichtet wird, erfährt. Mittlerweile gibt es Strukturen, die Tatbeteiligten und Mitwissenden den Ausstieg bzw. eine Aussage ermöglichen, also Regelungen für Kronzeug:innen und Whistleblower:innen. Korruption ist vielleicht das »politischste« aller Delikte. Es kann allein mit den Mitteln des Strafrechts nicht bekämpft werden, entscheidend ist die innere Haltung zu den Grundwerten der Gesellschaft.

Yildirim: Österreich hat seit vielen Jahrzehnten ein Problem mit der unabhängigen Korruptionsbekämpfung. Neue Korruptionsbestimmungen und Verschärfungen gab es eigentlich immer nur auf internationalen Druck. Dazu gehört auch die Gründung der WKStA, der »Zentralen Staatsanwaltschaft zur Verfolgung von Wirtschaftsstrafsachen und Korruption«.

Die WKStA wurde 2009 von der letzten SPÖ-Justizministerin, Maria Berger, gegründet. War damals schon absehbar, welche große innenpolitische Bedeutung diese Staatsanwaltschaft bekommen würde?

Yildirim: Der Grundstein wurde 2009 gelegt, und 2011 wurden die Kompetenzen um den Bereich der Wirtschaftsdelikte erweitert. Maria Berger schätze ich sehr dafür, sie hat die internationale Kritik an den mangelnden Antikorruptionsbestimmungen in Österreich gehört, den Handlungsbedarf erkannt und die notwendigen Schritte durchgesetzt. Es war schon damals mühsam genug, das mit der ÖVP umzusetzen. Ursprünglich waren in der WKStA nur vier oder fünf Personen. Aber der Grundstein wurde gelegt, das war sehr wichtig. Heute besteht die WKStA aus etwa 40 Staatsanwält:innen, das hat sich gut entwickelt. Es ist aber immer noch keine unabhängige und ausreichend mit Ressourcen ausgestattete Strafverfolgungsbehörde. Wichtig wäre, dass die Weisungsspitze entpolitisiert wird, also nicht

parteipolitisch besetzt ist. Das wird auch vom Rechtsstaatlichkeits-
bericht der EU-Kommission kritisiert.

Hier gibt es, auch von der SPÖ, die Forderung nach einer unabhän-
gigen Bundesstaatsanwältin. Alexia, du bist als Strafverteidigerin nor-
malerweise die Gegenspielerin der Staatsanwaltschaft. Wie stehst du zu
diesem Vorschlag?

Stuefer: Die Vorschläge sind auch aus rechtsphilosophischer
Sicht interessant. Sie betreffen die großen Fragen der Aufteilung und
des Austarierens von Macht. Ich würde es nicht unterstützen, wenn
dadurch ein Machtzuwachs bei den Staatsanwaltschaften erfolgt. In
meiner Praxis sehe ich, wie verheerend Ermittlungsmaßnahmen, beispielsweise Hausdurchsuchungen, auf Betroffene wirken, wenn diese
zu Unrecht erfolgen. Staatsanwält:innen können Ermittlungsmaßnahmen beantragen, die intensiv in Grundrechte eingreifen; nicht
selten genehmigen Gerichte solche Anträge voreilig. Oft kann erst
nach monatelangem Ringen ein Erfolg im Rechtsmittelverfahren
erzielt werden, und das kann das Trauma einer Hausdurchsuchung
oder Festnahme nicht wettmachen. Manche Betroffene erholen sich
nie wieder von solchen Übergriffen. Das schadet dem Rechtsstaat.
Ich bin daher sehr zurückhaltend und bis dato hat mich kein Vorschlag überzeugt – im Unterschied zu meinem Mitautor, Richard
Soyer.

Yildirim: In der aktuellen Weisungskette liegt die Letztent-
scheidung bei der Ministerin und ist somit parteipolitisch geprägt.
Stattdessen soll die oberste Weisungshoheit bei einer oder einem
unabhängigen und weisungsfreien Staatsanwältin oder Staatsanwalt
liegen, die oder der von einer breiten parlamentarischen Mehrheit
bestellt wird – unser Vorschlag ist eine Zweidrittelmehrheit im Parlament, möglich wäre auch eine Dreiviertelmehrheit. Damit ist die
Chance gegeben, dass sich diese Person an der Spitze keiner politischen Partei verpflichtet fühlt. Zusätzlich soll laut unserem Vorschlag
eine Bestellung auf zwölf Jahre erfolgen und keine Wiederbestellung

möglich sein – und eine jährliche Berichtspflicht der Bundesstaatsanwaltschaft gegenüber dem Parlament, mit Anfragerecht der Parlamentarier:innen.

Stuefer: Danke für diese Präzisierungen. Ich habe höchsten Respekt vor dem Vorschlag und ich bin auch neugierig. Nur bin ich sehr zurückhaltend, wenn es darum geht, Strafverfolgungsorgane mit noch mehr Macht auszustatten.

Wir erleben gerade, dass die Justiz von ÖVP-Politiker:innen kritisiert und diffamiert wird. Der WKStA wird unterstellt, dass es dort »linke Zellen« gebe und die Ermittlungen politisch motiviert seien. Wie ordnet ihr das ein? Erleben wir hier gerade eine Zuspitzung?

Yildirim: Seit etwas mehr als 1 1/2 Jahren ist die WKStA, die wichtigste Korruptionsbekämpfungsbehörde in Österreich, im Visier der ÖVP. Wie gesagt, die ÖVP war immer schon eine schwierige Partnerin, wenn es darum ging, Korruptionsbekämpfung voranzutreiben. Dass sich das gerade zuspitzt, liegt meiner Ansicht nach daran, dass wir gerade einen Generationenwechsel in der Staatsanwaltschaft beobachten können: Da wird ermittelt ohne Ansehen der Person und ohne sich von diesen Zurufen aus der Politik einschüchtern zu lassen. Das stimmt mich zuversichtlich, denn ein liberaler Rechtsstaat lebt von öffentlich Bediensteten, die Haltung haben, die ihren Aufgabenbereich und ihren gesetzlichen Auftrag sehr gut kennen. Die Attacken von ÖVP-Politiker:innen zielen darauf ab, das Image der Strafverfolgungsbehörde zu beschädigen, die Objektivität der WKStA in Zweifel zu ziehen und das Vertrauen gegenüber der Justiz, das ja recht hoch ist, zu erschüttern. Das halte ich demokratiepolitisch für sehr, sehr bedenklich.

Stuefer: Auch die eleganteste Verfassung braucht Menschen, die sie als solche erkennen und sie »leben«. Mit Sebastian Kurz und seinem Umfeld ist eine Gruppe von Personen an die Macht gekommen, die – es zeigt sich immer deutlicher – die Verfassung und ihre Institutionen entweder gar nicht kennen oder sie nicht anerkennen und respektieren. Zuletzt entstand für außenstehende Beobachter:innen der Eindruck, als halte diese Gruppe die WKStA für eine Abteilung des Bundeskanzleramts, die aus dem Kabinett heraus regiert wird. So funktionierte die Kabinettsjustiz, die eigentlich als überwunden gelten sollte.

Yildirim: Es entsetzt mich, wenn ich Meldungen höre, gerade rund um den Altkanzler und sein »Projekt Ballhausplatz«: Das sei doch immer schon so gewesen, das würden doch alle so machen. Hier ist es wichtig, dagegenzuhalten, gegen eine scheinbare Selbstverständlichkeit von Korruption und Machtgier. Wir Politiker:innen müssen hier dagegenhalten, und auch die Zivilgesellschaft muss das tun. Es gibt gerade ein tolles Antikorruptionsvolksbegehren, das man unterstützen kann. In dem Zusammenhang muss ich auch dem investigativen Journalismus ein Kompliment aussprechen. Vieles hätten wir nicht erfahren, wenn wir nicht so mutige Journalist:innen gehabt hätten. Und das, obwohl es auch in diesem Bereich sehr prekäre Beschäftigungsverhältnisse gibt und die Machtstrukturen hinter den Medienhäusern sehr undurchsichtig sind und geprägt von Inseratenpolitik. Ich bewundere den Mut dieser Generation von investigativen Journalist:innen, die das thematisiert haben, die sich getraut haben, darüber zu schreiben.

In eurem Buch bezeichnet ihr das Ibiza-Video als zivilen Ungehorsam und fordert, dass das nicht bestraft wird – und zwar deswegen, weil es für die Veröffentlichung ein »überwiegendes öffentliches Interesse« gibt. Wie definiert man das?

Stuefer: In Situationen, in denen verschiedene Interessen oder sogar Grundrechte aufeinanderprallen, kann die Lösung gesucht werden, indem Interessen abgewogen werden. Der Begriff »überwiegendes öffentliches Interesse« bedeutet, dass das öffentliche Interesse in einem bestehenden Konflikt als schützenswerter bzw. höher zu bewerten ist. Wenn also beispielsweise der Schutz von Persönlichkeitsrechten politisch exponierter Personen dem Bedürfnis der

Öffentlichkeit auf Information gegenübersteht, dann muss letztlich das Gericht würdigen, welchem Interesse der Vorzug zu geben ist. Im angesprochenen Fall besteht kein Zweifel, dass die Öffentlichkeit das Recht hatte, das Video zu sehen.

Yildirim: Aber ist es nicht erstaunlich, dass in der öffentlichen Diskussion der Tatsache so viel Raum gegeben wird, dass diese Videoaufnahmen auf Ibiza gemacht wurden und wer die Hintermänner sind – anstatt über den Inhalt zu sprechen? Oder auch jüngst, durch die Veröffentlichung der Chats: Dass versucht wird, den Schwerpunkt nicht auf den Inhalt der Chats zu legen, sondern darauf, dass sie überhaupt veröffentlicht wurden! Das geht dann so weit, dass sogar Parlamentspräsident Sobotka fordert, die Wahrheitspflicht im Untersuchungsausschuss abzuschaffen – und damit das schärfste Instrument der Opposition im Parlamentarismus zu schwächen. Anstatt zu sagen: Wir haben nichts zu verbergen, die Bürgerinnen und Bürger sollen diese Diskussionen mitverfolgen können.

Ein stark strapazierter Begriff ist auch die Unschuldsvermutung. Im juristischen Sinne ist klar: Bis jetzt ist rund um die aktuellen Chats noch niemand angeklagt, und schon gar nicht verurteilt. Aber es ist schon auffällig, dass auch die Medien bei jeder Gelegenheit betonen, dass die Unschuldsvermutung gilt. Ist das angemessen?

Stuefer: Ich halte die Unschuldsvermutung für eine der wichtigsten Errungenschaften der Neuzeit. Sie schützt alle Menschen ohne Ansehen der Person. Der Staat ist verpflichtet, dafür Sorge zu tragen, dass auch Medien in ihrer Berichterstattung darauf achten, Vorverurteilungen zu verhindern. Manchmal bewirkt das obligate »Es gilt die Unschuldsvermutung« das Gegenteil. Wenn sich nun die Beschuldigten im besagten Fall über Vorverurteilungen beschweren, dann ist das eine legitime Verteidigung – staatspolitisch halte ich es aber für sehr bedenklich. Vor allem weil ja akkurat der ehemalige Kanzler in mindestens einem Fall öffentlich »die volle Härte des Gesetzes« gegen

Personen gefordert hat, für die die Unschuldsvermutung galt. Die Regierung – ein Blick in die Verfassung genügt – kann und hat der Justiz gar nichts zu sagen.

Yildirim: Der Begriff der Unschuldsvermutung wird gerade ganz eindeutig politisch instrumentalisiert. Wir reden hier ja nicht vom Strafrecht. Mag sein, dass es jetzt in den Ermittlungsverfahren zu keiner Anklage kommt; oder wenn Anklage erhoben wird, dass es zu keiner Verurteilung kommt; oder wenn es doch zu einer Verurteilung kommt, dass diese vom Höchstgericht wieder gekippt wird. Darum geht es aber gar nicht. Die politische Verantwortung endet nicht im Strafrecht. Es geht um die politische Kultur und Haltungen, und die zeigen sich eindeutig in den Chats. In diesem Zusammenhang die Unschuldsvermutung zu bemühen, geht am Thema vorbei.

Zu den Personen

Alexia Stuefer ist Strafverteidigerin und Partnerin in der Anwaltskanzlei Soyer Kier Stuefer. Sie fungiert als Vizepräsidentin der Vereinigung Österreichischer StrafverteidigerInnen und seit Sommer 2021 auch als Stellvertreterin des Kammeranwalts der Rechtsanwaltskammer Wien. Darüber hinaus lehrt sie an der rechtswissenschaftlichen Fakultät der Universität Wien. Sie ist Mitglied des wissenschaftlichen Netzwerks des Karl-Renner-Instituts.

Selma Yildirim ist SPÖ-Nationalratsabgeordnete und Bereichssprecherin für Justiz. Nach der Ausbildung und Berufstätigkeit als kaufmännische Angestellte arbeitete sie als Beraterin in einem Migrant:innenzentrum in Tirol sowie als Lehrbeauftragte an der Akademie für Sozialarbeit der Caritas und absolvierte parallel dazu das Jus-Studium an der Universität Innsbruck. Yildirim ist außerdem Bezirksfrauenvorsitzende der SPÖ Innsbruck und Landesfrauenvorsitzende der SPÖ Tirol.

WAS DIGITALITÄT MIT UNS MACHT – UND WIE WIR DAMIT UMGEHEN KÖNNEN

Seit der Jahrtausendwende gewinnt digitale Kommunikation massiv an Bedeutung; die pandemiebedingten Maßnahmen zur Kontaktreduktion haben diese Entwicklung noch einmal stärker vorangetrieben. Was macht das mit unserer Gesellschaft? Was bedeutet es für Zusammenhalt und Demokratie? Und wie soll die Politik damit umgehen? Diese Fragen besprechen Felix Stalder (Kulturwissenschafter an der Züricher Hochschule der Künste) und Veronica Kaup-Hasler (Wiener Stadträtin für Kultur und Wissenschaft) in einem inspirierenden Austausch, der sie von Echokammern über Gemeinschaftsgärten bis zur Zerschlagung von Tech-Unternehmen führt.

15. November 2021, Wien (Rathaus)

Felix, dein Buch trägt den Titel »Kultur der Digitalität«. Was ist das?

Stalder: Die digitalen Technologien führen zu einem umfassenden medialen Wandel. Ich habe mich daher gefragt: Wie verändert das die Art, wie Menschen die Welt und sich selber wahrnehmen und wie sie ihre Handlungsmöglichkeiten einschätzen? Das ist eigentlich eine klassische medientheoretische Frage, das hat man auch rund um den Buchdruck untersucht: Welche Welt-Orientierung wird dadurch geschaffen, also welche Vorstellungen davon, wie man in der Welt handeln kann? Weil ein großer medialer Wandel beeinflusst die Beziehungen zwischen Menschen, aber auch zwischen den Menschen und der Umwelt.

Was können wir uns darunter vorstellen?

Stalder: Der Motor, der das antreibt, ist eine enorme Ausweitung der kulturellen Produktion, also Auseinandersetzungen rund um Wertefragen: Was ist richtig? Was ist falsch? Wie sollen wir uns verhalten? Was heißt es heute, eine Familie zu sein? Was heißt es, zu essen? Was ist Geschlechtsidentität? Was ist mein Verhältnis zur Umwelt? Was ist das Verhältnis zwischen Kulturen? Und so weiter. Das sind alles Fragen, bei denen Gesellschaften ständig darum kämpfen, in irgendeiner Weise zu einem Konsens zu kommen. Der Konsens ist immer prekär und zeitlich und örtlich gebunden, aber es braucht dennoch eine Verständigung darüber: »Ja, wir wollen dieses und nicht jenes.« Es gibt dann immer Gruppen, die diesen Konsens ablehnen und auf einen anderen Konsens hinarbeiten; das treibt gesellschaftliche Entwicklung an. Was die aktuelle Situation vom Buchdruck unterscheidet, ist eben, dass die Mengen sehr viel größer geworden sind. Es gibt einfach jetzt viel mehr, rein quantitativ: mehr verfügbare Informationen und auch mehr Personen, die sich an diesen Auseinandersetzungen beteiligen.

Kaup-Hasler: Was wir in der Politik merken: Die Nischen sind jetzt wichtiger. Ohne digitale Medien konnte man sich noch viel eher ein klareres Bild über Meinungsströme machen, so wie sie eben in Printmedien, Fernsehen und Radio präsentiert wurden. Jetzt vereinzelt sich das schon in unglaublich viele parallele Diskurse in sozialen Medien und Online-Foren. Das Problem dabei ist: Es gibt kaum Räume, in denen diese parallelen Diskurse zusammenkommen. Weil sie ihre jeweils eigenen Nischen und Plattformen haben, in denen auch Gemeinschaft simuliert wird. Es ist, finde ich, aktuell eine sehr interessante Zeit, Politik zu machen.

Inwiefern?

Kaup-Hasler: In der Coronakrise haben wir neue Formate entwickelt, um – gerade in einer Zeit der Kontaktbeschränkungen – bewusst diese Räume der Begegnung zu schaffen, und zwar in Form von »Townhall-Meetings«. Die Kulturschaffenden hatten sehr große Existenzsorgen aufgrund der Coronamaßnahmen, und es gab von offizieller Ebene überhaupt keine Begegnung zwischen dem kulturellen Betrieb und den wissenschaftlichen Expert:innen und Statistiker:innen. Diese Begegnung haben wir organisiert: Etwa 30 Leute aus dem Feld der Kultur, vom Sprecher für die Praterunternehmen bis hin zum Staatsoperndirektor, Filmfestivals, Musik – eine repräsentative Auswahl. Die haben wir mit dem Expert:innenstab des Gesundheitsstadtrates in einem Raum im Rathaus versammelt, für vier Stunden, es war ein sehr konzentrierter Austausch. Das hat einen Raum eröffnet, in dem überhaupt einmal verhandelt werden konnte und aus dem auch ein gegenseitiges Verständnis entstehen konnte. Dadurch, dass wir das relativ schnell gemacht haben, haben wir in Wien eine ganz andere Atmosphäre kreiert – und auch den Hygieneleitfaden der Stadt Wien für Veranstaltungen erstellt.

Stalder: Ich glaube, Städte sind in einer besonders guten Situation, um mit der Aufsplittung gesellschaftlicher Diskurse, die der digitale Raum befördert, umzugehen. Ich stimme nämlich zu, dass der physische Raum die Möglichkeit gibt, ganz andere Formen der Begegnung zu generieren. Das ist eben auch jetzt durch die Coronakrise klarer geworden: dass man den Tisch, an dem man die Leute versammelt, ein bisschen größer machen muss, weil es eben nicht mehr reicht, die vier üblichen Expert:innen zu fragen. Und das sehe ich durchaus als demokratiepolitischen Fortschritt. Aber dieses Potenzial gibt es nicht nur im analogen Raum. Von einem kulturellen Blickwinkel würde ich sagen, dass es auch sehr viele positive Effekte hat, wenn sich aufgrund digitaler Kommunikation Nischen besser artikulieren können. Leute außerhalb des Mainstreams – des Normalen, des Erwarteten – können sich jetzt anders organisieren. Das ist die positive Kehrseite dieser Zersplitterung.

Kaup-Hasler: Das stimmt, die können sich in ihren exklusiven Momenten eine kurze Seinsvergewisserung, eine Bestätigung holen. Und sie werden dann auch für die Politik besser sichtbar. Dennoch: Das Problem ist, dass uns durch diese vielen parallelen Echokammern, in denen sich Menschen gegenseitig in ihren Annahmen bestätigen, das Gemeinschaftliche abhandenkommt.

Stalder: Ja, das bisherige Narrativ des Gemeinsamen ist unter dem Druck dieser enormen Komplexifizierung zusammengebrochen. Aber auch hier finde ich: Das muss man zunächst einmal positiv sehen. Weil das einen ungeheuren Raum aufmacht. Die Antwort der Rechten ist: »Wir wollen wieder zurück zur alten Welt. Wir wollen, dass die Frauen wieder zurück an den Herd gehen. Wir wollen, dass die Ausländer wieder Ruhe geben. Wir wollen wieder eine Leitkultur.« Die Aufsplittung der gesellschaftlichen Diskurse in parallele Räume erklärt für mich, warum diese Sehnsucht nach dem Alten so populär ist. Aber eine wirkliche Antwort bieten die rückwärtsgewandten Gesellschaftsbilder ja auch nicht. Es gibt ja Gründe, wieso diese alten Gesellschaftsformen in die Krise gekommen sind. Die Frage ist jetzt also: Wie kann man die enorme Vervielfältigung und Divergenz dieser Standpunkte und Erfahrungen produktiv machen? Das ist der Punkt, an dem wir stehen. Und diese Frage öffnet den Raum für institutionelle Experimente, wie eben die »Townhall-Meetings«, von denen Sie gerade erzählt haben.

Kaup-Hasler: Das Format haben wir jetzt wieder angewendet zur Diskussion über das Dr.-Karl-Lueger-Denkmal. Das Denkmal ist sehr umstritten und wird breit problematisiert, zurecht. Es gibt aber einen sehr breiten Bogen an Meinungen, die in den unterschiedlichen Social-Media-Foren ausgedrückt werden. Da haben wir 50 Menschen zusammengebracht – von konservativen Historiker:innen bis zu jenen, die das Denkmal am liebsten sofort abtragen wollen. Die haben wir für drei Stunden in einem Raum miteinander sprechen lassen, mit der Absicht, sie aus ihren Echokammern herauszuholen. Das ist also ein Tool, mit dem ich jetzt arbeite, und wo ich festgestellt habe, dass wir damit unglaublich schnell weiterkommen, immer wieder.

Stalder: Wie Sie sagen, das ist ein Format, das man idealerweise relativ früh einsetzt, wenn es noch eine Bereitschaft zur Diskussion gibt. Weil wenn die Fronten sehr verhärtet sind, dann geht es oft nicht mehr. Rund um Corona, die Maßnahmen und die Impfung, sind wir jetzt teilweise an dem Punkt angekommen, wo es überhaupt keine Diskussionsgrundlage mehr gibt und man diejenigen, die nicht wollen, nicht überzeugen wird. Das ist eigentlich schon ein eklantantes gesellschaftliches und politisches Versagen, dass wir überhaupt an dem Punkt sind, oder? Aber ja, hin und wieder gehen die Dinge schief, und dann muss man sich überlegen: Was macht man an dem Punkt?

Man kann auch die sehr grundsätzliche Frage stellen, wie wir unsere Gesellschaft organisieren. Felix, du bist ein starker Fürsprecher von Commons. Was ist das?

Stalder: Commons sind Prozesse, wo Menschen sich zusammentun, um gemeinsam Dinge zu produzieren, zu verteilen, zu verwalten. Dahinter steht ein grundlegendes Verständnis von selbst organisiertem gemeinschaftlichem Handeln. Das ist ein Bereich, der noch zu entwickeln ist, und dafür braucht es eine veränderte gesellschaftliche Infrastruktur, hier kann auch die Technologie helfen. Von der Politik braucht es die entsprechenden Regularien und Rahmenbedingungen, damit dieser Bereich gleichberechtigt neben den anderen Bereichen funktionieren kann.

Kaup-Hasler: Vielleicht müssen wir staatliche Strukturen in Zukunft etwas anders konnotieren und eher als Ermöglicher oder Organisator von Gemeinwohlinteresse verstehen. Aber diesen Reflex, den Staat als das Schreckgespenst zu sehen, gegen den es Widerstand braucht – das wird uns nicht weiterbringen. Die Bedeutung von sozialer Infrastruktur ist in den letzten beiden Jahren sehr klar zutage getreten. Da wurden linke, progressive Werte im schönsten Sinne wieder aktualisiert und noch einmal bewusst gemacht. Gerade in Wien zeigt sich deutlich, wie wichtig eine gut ausgebaute öffentliche Daseinsvorsorge ist, die für alle gut zugänglich ist und gut funktioniert. Wir sehen jetzt auch international überall Formen der

Rekommunalisierung, in Berlin etwa, wo die Stadt Leistungsbereiche wieder zurückkauft, die sie schon privatisiert hatte, sie also wieder zu geteilten, gemeinschaftlichen Gütern und Ressourcen macht, die für alle zugänglich sind.

Stalder: Es gibt Bereiche, wo es absolut Sinn macht, zu sagen: »Jeder Mensch ist gleich und hat gleiche Voraussetzungen.« Nämlich im Bereich der Bildung, im Gesundheitswesen, beim Wohnen und so weiter. Diese Bereiche müssen grundsätzlich gegeben sein und zugänglich sein. Dann gibt es Bereiche, wo man sehr gut sagen kann, dass das Konkurrenzmotiv – innerhalb gewisser Regelungen – hilft, bestimmte Probleme zu lösen. Der Markt also. Und dann gibt es aber noch relativ große Bereiche, wo sich die Unterschiedlichkeit in der Gesellschaft selber artikulieren können muss. Das betrifft lokale Initiativen, wie Bildungsgemeinschaften oder Gemeinschaftsgärten, es geht aber auch größer, beispielsweise Food-Coops oder auch Initiativen im Bereich der Energieversorgung. Für solche Formen der Selbstorganisation von Menschen gibt es jetzt ein stärkeres Bewusstsein, eine Fähigkeit und ein Interesse, Dinge selber zu machen.

Kaup-Hasler: Sprechen wir hier nicht von relativ alten Modellen, die sich jetzt in einer neuen Sphäre des Öffentlichen, nämlich im digitalen Raum, noch einmal verästeln, multiplizieren und verstärken? Also Dinge, die früher in Zirkeln, Gruppierungen, Seilschaften organisiert wurden. Die Frage ist dann, wie in diesem digitalen Raum politische Meinungsfindung stattfindet, wie also auch hier Formen der Mitbestimmung möglich sind. Also ich weiß nicht, ob das so neu ist. Die Dimension ist neu.

Stalder: Die Dimension ist neu, aber auch die Zusammensetzung und die Zielrichtung haben sich verändert. Diese ganze Welt der Vereine und Clubs ist einerseits in die Krise gekommen durch Individualisierungsprozesse und Konsumkultur, aber andererseits formiert sie sich auch neu. Eine der interessantesten städtischen Bewegungen sind Baugruppen, also Gruppen von Menschen, die selbst organisiert ihr Wohnhaus gestalten, Gemeinschaftsflächen verwalten, gemeinschaftliche Aktivitäten organisieren. Das ist natürlich eine Mittelklasse-Bewegung, aber die experimentieren mit Neuverhandlungen darüber: Welche Funktionen sehen wir im privaten Wohnraum und welche im gemeinschaftlichen? Was brauchen wir, um Gruppen dieser Größe zu organisieren? Und das schlägt sich auch physisch nieder, in gebauten Strukturen. Und ich denke, dass aus diesen Erfahrungen auch Lehren gezogen werden können, die nicht nur rein schichtspezifisch sind, sondern die ganz grundsätzlich Formen des Zusammenlebens betreffen.

Ist das nicht prinzipiell ein Problem mit Commons, mit diesen lokalen, selbst organisierten Projekten? Dass genau jene, die es gewohnt sind, dass ihre Stimme gehört wird, auch diejenigen sind, die Commons in Anspruch nehmen und dominieren?

Stalder: Ich würde sagen, das ist ein kulturelles Problem: Wer hat überhaupt die Kapazität, sich zu organisieren? Da hilft natürlich kulturelles Kapital, aber es hilft auch so etwas wie eine historische Erinnerung. Also es ist kein Wunder, dass die Commons-Bewegung beispielsweise in Spanien viel stärker ist, weil es da die historische Erinnerung des Widerstands gegen die Diktatur Francos gibt. Solche kollektiven Erinnerungen fehlen an vielen anderen Orten. Aber es gibt das auch in gewissen Einwander-Kulturen, die keineswegs privilegiert sind. Wenn man etwa sieht, wie sich die kurdische Gemeinschaft organisiert, das ist beeindruckend – und das ist kein Mittelschichtphänomen. Natürlich hilft es, wenn man Zeit und Geld hat, aber ich würde es nicht darauf reduzieren. Große Teile der Mittelschicht können da überhaupt nicht mit, die sind im konservativen Vorstadt-Utopie-Modus gefangen, wo sehr wenig passiert.

In deinem Buch beschreibst du zwei Richtungen, in die sich Demokratie in der Kultur der Digitalität entwickeln kann.

Stalder: Ja. Die eine Möglichkeit ist eine technokratisch-autoritäre: »Wir können uns nicht mehr einigen, deshalb delegieren wir unsere Entscheidungen an den Algorithmus.« Die andere Möglichkeit ist, zu sagen: Wir entwickeln neue Formen, die diese Diversität artikulieren können. Dafür sind Commons eine geeignete Form, um sich in dieser Komplexität zurechtzufinden, und dabei kann Technologie sehr hilfreich sein. Die Formen, die uns momentan vom Markt angeboten werden – Plattformen, Social Media – funktionieren alle technologisch-autoritär.

Kaup-Hasler: Dabei war ja gerade die Entwicklung des Internets und der sozialen Medien begleitet von einem ganz großen Demokratie- und Freiheitsversprechen, das sich allerdings so nicht eingelöst hat.

Stalder: Die Unternehmen machen wahnsinnig viel Geld damit und müssen sich um die Kollateralschäden – also die Zerstörung einer demokratischen Diskussionskultur – nicht scheren. Die Idee, dass es eine zentrale Kommunikationsplattform gibt, die sämtliche Kommunikation in der Welt organisieren soll, ist ja eine Horrorvorstellung. Aber etwas Ähnliches haben wir jetzt. Und man weiß nicht genau, welche Form der Regulierung man jetzt anwenden soll: Handelt es sich hier um ein öffentliches Medium im klassischen Sinn oder ist es Privatkommunikation, die man ja eigentlich nicht regulieren will? Vor dem Hintergrund dieser Ratlosigkeit ist dieser fast rechtsfreie Raum entstanden.

Wie soll der Staat, die Politik nun damit umgehen?

Kaup-Hasler: Wir müssen als Öffentlichkeit mit der Realität umgehen, dass die Profiteure dieser Entwicklung im Silicon Valley kein Interesse daran haben, hier groß Demokratisierungsprozesse in die Wege zu leiten. Das müssen also wir tun, die öffentliche Hand, auf kommunaler, auf nationaler und vor allem auf europäischer Ebene. Der Begriff des »Digitalen Humanismus« kann uns hier sehr gut weiterhelfen. Die Wissenschaft hat hier einen wichtigen Bezugspunkt geschaffen mit dem »Wiener Manifest für Digitalen Humanismus«, und um das weiterzuentwickeln, braucht es Forschung und öffentliche Gelder. In unserer Kooperation mit den Wiener Universitäten und Fachhochschulen stellt der Digitale Humanismus einen Schwerpunkt dar. Über den WWTF, den Wiener Wissenschafts-, Forschungs- und Technologiefonds, stellen wir mehrere Millionen Euro für Forschung zu diesem Thema zur Verfügung. Wir vergeben als Stadt Wien den Hedy Lamarr Preis an Forscherinnen im Bereich der Informationstechnologie – auch ganz gezielt, um Frauen in diesem Bereich zu stärken.

Stalder: Die digitalen Kommunikationsplattformen sind im Grunde nicht reformierbar, sondern müssen einfach deutlich reduziert werden. Das kann geschehen durch die Zerschlagung von Unternehmen, die Entkoppelung von Diensten und so weiter. Die Plattformen sagen: »Wir können die Kommunikation hier nicht regulieren, wie sollen wir in 200 verschiedenen Sprachen Content-Moderierung machen?« Da kann man nur sagen: »Hey, das Problem habt ihr euch selber gemacht, es ist ja nicht unser Fehler, dass ihr euer eigenes Business nicht könnt.« Abgesehen davon, dass diese Konzerne ja irrsinnige Gewinne abschöpfen. Da müssen die öffentlichen Institutionen, vor allem auf EU-Ebene, sehr viel stärker und selbstbewusster auftreten. Und ein weiterer wichtiger Punkt: Die öffentliche Hand reguliert ja nicht nur, sondern sie ist selbst ein riesiger Marktteilnehmer. Da kann man sich fragen: Warum investiert die Öffentlichkeit so viel Geld in Technologien, die man eigentlich nicht will? Da wäre es doch eindeutig besser, diese Ressourcen in den Aufbau eines eigenen technologischen Ökosystems zu stecken.

Zu den Personen

Felix Stalder ist Professor für Digitale Kultur und Theorien der Vernetzung an der Zürcher Hochschule der Künste, Vorstandsmitglied des World Information Institute in Wien, Mitbegründer des Netzpolitischen Abends in Wien und Mitglied der Technopolitics Working Group. Er ist auch Teil des wissenschaftlichen Netzwerks des Karl-Renner-Instituts.

Veronica Kaup-Hasler ist Stadträtin für Kultur und Wissenschaft in Wien. Davor war sie Intendantin des Kunstfestivals steirischer herbst, Leiterin des deutschen Festival Theaterformen und Dramaturgin bei den Wiener Festwochen sowie Lehrbeauftragte an der Wiener Akademie der Bildenden Künste.

ÜBER DIE HERAUSGEBERINNEN

Angelika Striedinger

leitet den Bereich Wissenschaft & Politik im Karl-Renner-Institut. Die inhaltliche Expertise der promovierten Soziologin liegt bei sozialer Ungleichheit, Geschlechterverhältnissen und Organisationsentwicklung. Zuvor war sie in der Österreichischen Hochschüler:innenschaft und in der Internationalen Bildungsgewerkschaft tätig.

Maria Maltschnig

ist Direktorin des Karl-Renner-Instituts. Sie hat in Wien Sozioökonomie studiert und war danach in der Arbeiterkammer, dem Finanzministerium, den Österreichischen Bundesbahnen und im Bundeskanzleramt tätig. Ihre inhaltlichen Schwerpunkte liegen in den Bereichen Wirtschaftspolitik, Demokratie und Parteien.